U0099269

法學啟蒙叢書

民法系列——

遺　囑

■ 王國治　著

Testament

Civil Law

三民書局

國家圖書館出版品預行編目資料

民法系列:遺囑 王國治著.－－初版一刷.－－臺北
市: 三民，2006
　　面；　　公分.－－(法學啟蒙叢書)

ISBN 957-14-4519-3　(平裝)

1.遺囑

584.52　　　　　　　　　　　　　95006249

三民網路書店　http：// www.sanmin.com.tw

ⓒ　民法系列
── 　遺　囑

著作人　王國治
發行人　劉振強
著作財
產權人　三民書局股份有限公司
　　　　臺北市復興北路386號
發行所　三民書局股份有限公司
　　　　地址／臺北市復興北路386號
　　　　電話／(02)25006600
　　　　郵撥／0009998-5
印刷所　三民書局股份有限公司
門市部　復北店／臺北市復興北路386號
　　　　重南店／臺北市重慶南路一段61號
初版一刷　2006年5月
編　　號　S 585610
基本定價　伍　元
行政院新聞局登記證局版臺業字第○二○○號

有著作權．不准侵害

ISBN　957-14-4519-3　（平裝）

序

　　現代人對於生前財產的管理與支配之傳統邏輯思維，已經延伸到死後遺願的實現與財產權之分配，遺願的表達與實現之生死管理學已經成為世界的趨勢與潮流。因此「預立遺囑」來管理身後事，是一種可以減少生命走到終點的遺憾，才能轉悲為喜，化苦為樂，圓滿地為人性尊嚴譜下一個完美的休止符──「知生又知死，達觀過一生」。

　　有鑑於臺灣法學界對於遺囑比較法學的研究，欠缺完整介紹世界各國與臺灣、香港、澳門與大陸地區的遺囑制度，筆者曾實地參訪兩岸四地，從事學術訪問與交流期間，蒐集各種遺囑法學著作，經過一年的光陰，終於將研究心得寫成拙著，請讀者不吝給予斧正與指導。

　　拙著首先介紹西方與中國遺囑之歷史背景與變遷過程，再從我國遺囑之相關法律、司法實務與案例解析，帶領讀者瞭解遺囑之理論與實務，進一步比較世界各國、兩岸四地的遺囑內容，除了可以啟發法律初學者的興趣，更加以歸納出我國遺囑法律闕失之處，並且提出將來遺囑修法之建議，實乃筆者研究之目的。

　　在人生的旅程中，要感謝與我們相遇過的每一個人，因為有您而豐富了我們的人生，因為有愛而滋潤了我們的心靈，願主賜給每一個人平安與幸福。

王國治　謹誌

二〇〇六年四月春夜穀雨

民法系列——遺　囑

序

導　論

　　「生」到底從何而來？「死」又究竟往何而去？「生死問題」從古到今都是絕大多數人最忌諱談論的事情，如此詭譎的情境構成了人生的一大弔詭 (paradox) 與難題。孔子在《論語》的〈先進篇〉曾說：「季路問事鬼神。子曰：『未能事人，焉能事鬼？』曰：『未知生，焉知死』」，莊子在〈知北遊〉曾說：「生也死之徒，死也生之始。孰知其紀？」從生命本身的觀點來看，「生」與「死」都是生命之流無法分割的一部分，換言之，「生」、「死」是生命一體之兩面。生死大事終究是人生無法迴避的必修功課，因此如何維護身、心、靈的整體健康，並且培養出積極而正向的生死態度，是每一位有情個體在其生命中所必須面對的重要課題❶。在生與死之間，我們無權選擇，但我們必須承認，人即使能活到百歲，也終要離開世界，如果能在人生旅程終結時，不帶著遺憾下車，他就是最聰明的人❷。換言之，人們無法選擇出生時的命運，但是卻可以表達死亡後的安排，當下我們為了「生存權」而努力奮鬥的同時，別忘記為自己留下「死亡權」的意願表達，也就是以預立遺囑的方式，才能夠圓滿地為「人性尊嚴」畫下一個完美的休止符——「知生又知死，達觀過一生」。

　　遺囑 (Testament) 是立遺囑人對其遺產或者死後其他事務進行處理，並以死亡為生效法律事實的單方意思表示❸。換言之，遺囑是個人使其最後的意思，在生前預先用書面的方式，交代其後人如何處理其後事的法律行

---

❶　釋慧開，〈從生死課題看精神健康在宗教層面探索生命的意義〉，李宇宙主編，財團法人精神健康基金會，2002 年 12 月初版，pp. 145–169。

❷　陳雅莉，〈不帶走一些遺憾！如何預立遺囑〉，《消費者報導》，186 期，1996 年 10 月，p. 10。

❸　由嶸主編，《外國法制史》，五南圖書出版公司，1993 年 10 月初版，p. 454。

為❹。

　　日本百歲人瑞家藤靜江女士活過明治、大正、昭和、平成四個朝代，可以說是近代史中活的見證人，她在 NHK 電臺播出「世紀的遺囑」節目中說：「遺囑並非臨終留言，乃是對於世人的建言」❺。

　　諾貝爾獎是全世界人類的最高殊榮，諾貝爾生前特別以遺囑將死後留下的財產成立一個基金會，每年頒獎給為人類作出傑出貢獻者，他的遺囑全文中提到：

　　「我，簽名人艾爾弗德‧伯哈德‧諾貝爾，經過鄭重的考慮後特此宣布，下文是關於處理我死後所留下的財產之遺囑：

　　在此我要求遺囑執行人以如下方式處置我可以兌換的剩餘財產，將上述財產兌換成現金，然後進行安全可靠的投資；以這份資金成立一個基金會，將基金所產生的利息每年頒獎給在前一年中為人類作出傑出貢獻的人；將此利息劃分為五等份，分配如下：一份獎給在物理界有最大的發現或發明的人；一份獎給在化學上有重大的發現或改進的人；一份獎給在醫學和生理學界有重大發現的人；一份獎給在文學界創作出具有理想傾向的最佳作品的人；最後一份頒獎給為促進民族團結友好、取消或裁減常備軍隊以及為和平會議的組織和宣傳盡到最大努力或作出最大貢獻的人。物理獎和化學獎由斯德哥爾摩科學院頒發；醫學和生理獎由斯德哥爾摩卡羅林斯卡學院頒發；文學獎由斯德哥爾摩文學院頒發；和平獎由挪威議會選舉產生的五人委員會頒發。對於獲獎候選人的國籍不予任何考慮，也就是說，不管他或她是不是斯堪的納維雅人，誰最符合條件誰就應該獲得獎金，我在此聲明，這樣授予獎金是我的迫切願望……

　　這是我唯一有效的遺囑。在我死後，若發現以前任何有關財產處置的遺囑，一概作廢。」❻

---

❹　蔡仟松編著，《遺囑寫作 DIY》，書泉出版社，2002 年 2 月初版，p. 2.

❺　劉焜輝，〈世紀的遺囑〉，《諮商與輔導》，第 137 期，1997 年 5 月 15 日，p. 1.

❻　http://www.edu.cn/20031010/3092482.shtml

　　梵諦岡教廷公布前教宗若望保羅二世的一份遺稿，他警惕世人：「當今人類社會似乎正被陰影所籠罩，屢屢受到悲劇性事件與大規模天災的震撼。」顯示當時已病入膏肓的教宗，念茲在茲的仍是全人類的福祉❼。前教宗的最後遺言表示「我很快樂，我要大家都快樂」❽，其遺囑以波蘭文寫成，教廷將它翻譯成義大利文後公開。前教宗分六個階段寫下這份遺囑，每次都是在復活節前的大齋節期間寫的，最早的部分寫於 1979 年，亦即他當上教宗後一年，最後一部分則於 2000 年寫下，內容提及他在 1981 年遭行刺的事件，他認為能夠逃過大難實屬「奇蹟」，但他覺得自己身體狀況已大不如前，而天主教會亦開始踏入新的千禧年，故他曾考慮退位的可能性。前教宗在這部分的遺囑中亦顯示出他當時已經了解到自己正走近生命盡頭，他寫道：

　　「我回憶起我的最初、我的父母和兄弟姊妹，我也憶起我受洗的教區、鄰居、朋友，以及小學、大學和克拉科夫教區的友人。我將教會和世界留在聖母的手中，我感謝每一個人，我要求每一個人的寬恕❾。」

　　在九一一恐怖攻擊事件後，全美籠罩在恐怖主義的陰影之中，民眾開始思考預立遺囑的必要性；據估計，美國有 59% 的人沒有預立遺囑，這些人如果走得突然，他們身後親人、財產的未來，根據美國法律是要交由法院判決來決定。雖然九一一事件開始了美國人的恐怖夢魘，雖然沒有人知道這場與恐怖分子之間的戰爭要打多久，但是對已經罹難的美國人家屬來說，確是一輩子無法撫平的傷痛。根據《紐約時報》估計，這次大難造成幾千名十二歲以下的兒童失去父親或母親。一位三十二歲的單親媽媽坎拉姿 (Rose Conzalez) 在知道自己可能跑不出來時，利用生命最後的幾分鐘打了個電話給妹妹，希望妹妹能代替她繼續照顧十二歲的女兒，而不要把女

❼　〈教宗公布教宗遺稿，病入膏肓時不忘警惕世人天災人禍〉，《中國時報》，2005年 4 月 17 日，第十一版。

❽　〈安博思：教宗要大家快樂〉，《中國時報》，2005 年 4 月 4 日，第四版。

❾　http://hk.news.yahoo.com/050407/10/1b9qy.html

兒交給自己的前夫，因為前夫曾被法官判決不適合撫養孩子。但是由於坎拉姿未能事先預立一份有效的遺囑，現在所留下的財產與小女兒未來的命運，可能要交由一群素昧平生的陪審團判決來決定❿。

　　在美國，最快立遺囑的方式就是自己動手寫，但是由於大部分的人對於如何預立遺囑並不瞭解，過去很多人都是由自己口述，再交由律師代寫。現在坊間出現的一些訂立遺囑的軟體，讓事情變得更簡單，內容大多仿效律師與客戶的對談方式，採一問一答。以 Nolo Press 出的 2002 Person Deluxe 軟體為例，電腦提出的問題很簡單，像是何處有財產、要留給誰等等，在全部問卷做完之後，電腦軟體會自動把所有答案整理出來，以正式遺囑的規格呈現，接著把完成的遺囑列印出來找兩個見證人簽名，就是一份除了美國路易斯安那州外（法律規定不同）全美都有法律效力的遺囑。這個軟體花費約四十美金，可買 CD 自己安裝，也可直接上網下載。另二種目前也頗受歡迎的軟體：Broadbund 出的 Family Lawyer 2002 Delux 與 Kiplinger 出的 WillPrower，使用方法也差不多，大約五分鐘就可以在電腦上裝好，填問卷也只需要一小時。這些軟體目前受到歡迎的原因在於使用者的自主性高，價錢也不貴。使用者一旦要更改財產或遺囑，只要打開電腦自行更改即可，不須上律師事務所找律師花錢更改遺囑內容。

　　近年來拜恐怖分子猖狂所致，這些軟體銷路直線上揚；網路上提供遺囑服務的網站也逐漸出現，使用者根據網站上所列的自己居住州別、背景等等選擇合適的資料填寫，完成之後便可以寄出到網站，這些網站再根據填寫內容編好印出，使用者找二名見證人簽名即可完成手續。無論是請律師幫忙寫遺囑，或是買軟體自己草擬，甚至利用網路都是預先為身後事打算。一旦走得突然，有一份遺囑，多一份安心⓫。

　　網路上提供遺囑服務的網站也逐漸出現，茲整理為表一：

---

❿　羅曉瑩，〈不知道什麼時候恐怖份子會到你家，美國人搶著上網預立遺囑〉，《數位周刊》，第 60 期，2001 年 10 月，pp. 82–83。

⓫　羅曉瑩，前揭〈不知道什麼時候恐怖份子會到你家，美國人搶著上網預立遺囑〉，p. 83。

表一　美國有關訂立遺囑的網站

網站名稱／網址	網站內容
http://www.willyouever.co.uk/default.asp/	提供六項步驟，只要 12.99 美金就可建立自己在法律上有效力的遺囑。
http://www.ewillinfo.com/freewillform/	提供免費遺囑的格式、簡單遺囑格式等。
http://www.legalwillforms.org	詳列美國 50 個州的遺囑格式或範例。內容包含有已婚者遺囑、單身遺囑、離婚遺囑、共同遺囑、寡婦和鰥夫遺囑、法定遺囑。
http://www.uslegalfosms.com	紐約州的遺囑格式區分為共同遺囑、離婚遺囑、結婚遺囑、單身遺囑、寡婦或鰥夫遺囑及普通遺囑等。
http://www.wills.com	網站有指導讀者預立遺囑及提供遺囑範例。
http://www.makeyourwill.com	提供標準遺囑、模範遺囑、空白遺囑格式等以供參考。
http://www.make–your–will.co.uk	你需要訂立遺囑嗎?沒有立遺囑會發生什麼事?遺囑書寫的程序；在訂立遺囑上的共同問題；如何更改遺囑；在訂立遺囑上的忠告；書寫遺囑的工具；書寫遺囑的服務；書寫遺囑的軟體等。

　　由表一觀之，今後遺囑將不只是文字、錄音、錄影等傳統形式。日本風險投資 diverbyte 和中央三井信託銀行從 2000 年 12 月 18 日開始，正式推出商業化專用遺囑網站 (http://www.chumistsui.co.jp/)。會員可在專用主頁上編輯自己從兒童開始的想法和遺言，以及本人對葬禮的希望，亦可指定財產分割方式和財產繼承人。會員可以在遺囑中指定，本人死亡後由誰在何時閱讀或公布遺囑。遺囑主頁的主要內容有：個人歷史、遺囑、死後希望告知的人之姓名、住址和聯絡方式、捐贈人體器官的意思表示。一旦死亡確定，指定的遺囑閱讀人可立即查看遺囑。文字和錄音、錄影形式的遺囑容易丟失和自然毀壞。網路可讓你的遺言永存 ❿。

　　日本網站有許多遺囑網站，其中「遺言相續研究會」這個網站 (http://www.igonsouzoku.com/igon/igon1.htm)，提供遺言、相續、贈與之知

---

❿　http://www.chumistsui.co.jp/

識，包括遺言種類、遺言書的形式、公證證書遺言、自筆證書遺言、夫妻遺言等；「遺言作成援助委員會」(http://www.neo-igon.com/) 提供遺言相續的一般知識、遺言的種類和特徵、遺言執行者等，值得讀者藉由網路資源去做比較外國遺囑法學之研究。

　　我國雖然也有遺囑相關網站，但是一般均是附屬在法律事務所或是地政事務所網站中之一部分，例如聯晟法網 (http://www.rclaw.com.tw) 提供有即時書狀系統與線上法律諮詢，法律知識庫中包括生活法律、家庭法律、企業法律、不動產、智慧財產、刑事法律、行政救濟、債權保障等內容，其中有關遺囑與遺贈之內容包含：何謂遺囑？遺囑有哪些功能？認識遺囑中之遺贈？能否以遺囑分配遺產多寡？能否以遺囑成立基金會？能否以遺囑將遺產捐給公益團體？能否以遺囑將遺產送給情人、私生子或寵物？誰有資格寫遺囑？以遺囑安排遺產有無限制？遺囑何時發生效力？遺囑能否更改？遺囑能否撤回？遺囑有數個時，以哪個為準？遺囑所列之遺產於遺囑人死亡時已不存在，應如何處理？遺贈之財產若於遺贈人死亡時已不存在，應如何處理？遺囑中所列之遺產，如何處理？何謂自書遺囑、公證遺囑、密封遺囑、代筆遺囑與口授遺囑？如何辦理？得請律師作何協助？應注意哪些事項？各種遺囑之優缺點為何？何謂遺囑執行人？其任務為何？指定遺囑執行人有何優點？脅迫立下遺囑或更改遺囑時有何責任？另該遺囑之效力如何？偽造、藏匿、撕毀遺囑有何責任？另該遺囑之效力如何？即時的線上法律服務提供便捷的法律諮詢是網際網路發達的競爭下必備的條件，目前國內尚未如美國或日本有專屬的遺囑網站提供完整的資訊，這是國內網站目前亟需學習與建構的地方。

　　寫遺囑的目的，與其說是消極地避免繼承人間的紛爭或降低遺產稅賦，毋寧說是，使被繼承人能無後顧之憂地努力工作、享受人生，並予後代子孫人生經驗與價值的傳承 [13]。本書遺囑內容包括「法律規範」與「遺願的表達」，前者涉及財產與身分方面，主要研究我國關於遺囑之法律規範與實

---

[13]　許高山著，《遺囑訂立 DIY》，永然文化出版股份有限公司，1999 年 11 月初版，p. 25。

例解析，輔以世界各國、香港、澳門與大陸地區遺囑之法律規範，提供法學新思維與啟發，從比較法學的研究方法提出對我國遺囑之修法建議。後者則屬於精神方面，主要針對安寧緩和醫療、器官捐贈、遺體捐贈、死後取精與臨終處理等。

一、財產方面

在私有財產制度下，指一個人對於自己的財產，不僅可以在生前支配並且也允許在他死後可以照自己的意思做處理。死後財產的處理，本來就是個人生前財產所有權的延長。私有財產是在不違反法律強制規定下，可以自由處分的財產，在他死後也是如此，這就是遺囑自由的精神所在❶。

二、身分方面

一個人死亡後，對家庭的命運、後人的將來抱持關切心態，於是預先處理身後之事，這也是人之常情。因此，如果立遺囑人在外與人同居生有子女，想讓私生子認祖歸宗，也可以利用遺囑來認領，並分給遺產，使其生活有著落。再來，就是未成年子女的監護問題，後死的父親或是母親便可以用遺囑來指定監護人❶。

三、精神方面

㈠安寧醫療

安寧醫療照護源於梵文佛經毗訶羅 (Vihara) 或稱精舍的記載，基督教文明裡有安寧院 (hospice) 一詞，兩者都是修道場所，也是提供朝聖者、旅客或老弱殘廢者休息或養護的場所。將 hospice 與現代醫療結合，則始於1967 年英國的桑德思女士在倫敦創辦的聖克里斯多福安寧醫院，專門提供癌症或重症末期病患的臨終關懷。臺灣也於 1990 年首先由馬偕醫院引進安

❶　蔡仟松編著，前揭書《遺囑寫作 DIY》，p. 2。
❶　蔡仟松編著，前揭書《遺囑寫作 DIY》，pp. 2–3。

寧療護，創設第一個安寧病房❶。

　　死亡是每個人必須面臨的生命終點，根據行政院衛生署所發布九十三年度平均每日發生死亡件數是 366 ／日（每 3 分 56 秒有 1 人死亡），臺灣地區十大死因報告顯示如表二：

表二　民國九十三年臺灣地區主要死亡原因

順位	死亡原因	合計		
		死亡人數	每十萬人口死亡率	死亡百分比 (%)
	所有死亡原因	133,679	590.28	100.00
1	惡性腫瘤	36,357	160.54	27.20
2	腦血管疾病	12,861	56.79	9.62
3	心臟疾病	12,339	54.48	9.23
4	糖尿病	9,191	40.58	6.88
5	事故傷害	8,453	37.33	6.32
6	肺炎	5,536	24.44	4.14
7	慢性肝病及肝硬化	5,351	23.63	4.00
8	腎炎、腎徵候群及腎性病變	4,680	20.67	3.50
9	自殺	3,468	15.31	2.59
10	高血壓性疾病	1,806	7.97	1.35
	其他	33,637	148.53	25.16
11	支氣管炎、肺氣腫及氣喘	1,387	6.12	1.04
12	敗血症	971	4.29	0.73
13	結核病	957	4.23	0.72
14	胃及十二指腸之潰瘍	831	3.67	0.62
15	源於周產期之病態	539	2.38	0.40

資料來源: 行政院衛生署，http://www.doh.gov.tw/statistic/data/死亡摘要/93 年/表 1.xls
　　　　　每年六月底發佈上一年資料並刊載在行政院衛生署統計室網站
　　　　　http://www.doh.gov.tw/statistic/index.htm

---

❶　黃潔竹編著，《教您如何寫遺愛手書》，宇河文化出版有限公司，2003 年 1 月第一版，p. 93。

(二)遺體捐贈

遺體捐贈亦稱大體捐贈，主要由醫學院受理，供教學研究解剖使用。（我國《解剖屍體條例》第三條第一項第二款規定：「執行大體解剖及病理剖驗，以合於生前有合法遺囑願供學術研究之病屍體。」）遺體捐贈並非照單全收；如有法定傳染病、動過手術傷口尚未癒合、嚴重創傷、過分肥胖、做過死亡病理檢驗手術或捐贈器官者，皆不在接受範圍之內。捐贈程序及處理上，以慈濟醫學院為例，自願捐贈遺體者，應將填寫好的「遺體捐贈志願書」交給醫學院；往生後，其全權負責人或法定代理人必須取得檢察官、法醫或醫生簽發的死亡證明文件，並通知醫學院解剖科遺體捐贈醫學院，進行防腐處理。慈濟醫學院對於提供大體解剖用的遺體，特別自國外引進最新處理法。將遺體清洗後，經由血管灌注化學藥劑到器官組織中，無需經浸泡福馬林的過程，直接以儀器噴上 Cocooning 化學藥品作噴房處理，此時大體表面會產生一層似塑膠的薄膜，以隔絕空氣防止腐敗，然後將遺體蓋上往生被，置放在攝氏十五、六度的簾幕儲存室中保存，待開始上解剖實習課時，再取出使用❶❼。

(三)器官捐贈

據 2002 年統計，西班牙器官捐贈數為每百萬人有 33.7 人，居世界之冠。美國每百萬人有 22 人，歐洲每百萬人有 15 人，臺灣每百萬人有 5.1 人。由於社會文化、宗教、歷史的因素，據統計臺灣每年只有 100 餘人捐贈器官，等待器官移植的病患約有 6000 人，除了洗腎病人外，其餘器官之等待者，往往在期盼中漸漸失去生命，這也是器官移植所面臨之最大問題與挑戰。所以政府設置「財團法人器官捐贈移植登錄中心」，建置器官勸募網絡，來提升國人器官捐贈勸募率及器官移植成功率，此外肝臟及腎臟之活體移植手術亦逐漸被接受❶❽。

❶❼　黃瀁竹編著，《教您如何寫遺愛手書》，宇河文化出版有限公司，2003 年 1 月第一版，pp. 111–112。

　　器官捐贈是一種死後仍能行善的愛心禮物。腦死患者本人生前同意及家屬簽署同意書後（我國《人體器官移植條例》第六條第一款規定：「醫師自屍體摘取器官，以合於左列規定之一者為限：死者生前以書面或遺囑同意者。」），再經醫師兩次判斷腦死及檢察官核准後，方能進行器官摘取手術以供移植（我國《人體器官移植條例》第四條規定：「醫師自屍體摘取器官施行移植手術，必須在器官捐贈者經其診治醫師判定病人死亡後為之。前項死亡以腦死判定者，應依中央衛生主管機關規定之程序為之。」第七條規定：「非病死或可疑為非病死之屍體，非經依法相驗，認為無繼續勘驗之必要者，不得摘取其器官。但非病死之原因，診治醫師認定顯與摘取之器官無涉，且俟依法相驗，將延誤摘取時機者，經檢察官及最近親屬書面同意，得摘取之。」）摘取手術僅需數小時，不影響喪葬處理。國內器官捐贈種類包括器官與組織捐贈。一位捐贈者（從出生至六十歲）之器官與組織至少可以救活 25 至 50 人的生命，或是改善病人的生活品質。國內器官移植包含了心、肝、肺、胰、腎（其中以腎臟等待者最多，而心、肺、肝的需求最為急迫）；組織移植包含骨骼、骨髓、肌腱、眼角膜、皮膚、心瓣膜等。腦死適合器官與組織之捐贈，任何形式之死亡則適合組織捐贈❶❾。

(四)其他遺願

　　在生死學實務研究（生死教育、臨終關懷、悲傷輔導、生死管理）四門次學科 (subdiscipline) 之一的「生死管理」，此一創新將「生死」(thana-tology) 問題，引導納入「管理」(management) 的理念，旨在將與人類「生」、「老」、「病」、「死」相關行業納入「組織管理」，以造福人類生命過程中的各種需要。預立遺囑 (Living Wills) 的事前周詳規劃，在瞭解「死亡的尊嚴與生命的尊嚴」，進一步珍惜生命、愛惜生命、尊重生命。透過感性的真情告白，可以增進當事人與家人間的關係，也可以與當事人做一反

❶❽　http://www.kmuh.org.tw/www/kmcj/data/9401/4.htm

❶❾　黃瀠竹編著，《教您如何寫遺愛手書》，宇河文化出版有限公司，2003 年 1 月第一版，p. 104。

思。「預立遺囑」一般人會因個人的職業背景、家庭狀況、健康情形、宗教信仰、理財觀念等而各異其趣。尤其是職業特殊，歷經各種生死場面、體驗人情冷暖、看盡人生悲歡離合、嚐遍人生酸甜苦辣，每個人因環境際遇之不同，自有亟不一樣的感受。如何「預立遺囑」除須注意法律上的規定構成要件外，下列原則更應把握❷：

1.個體原則

個體是無法代替的、是獨特的，是自己的生死，而不是別人的生死，每一個人必須根據個人的個體狀況需要來製作，注重自己的主體際性(intersubjectirity)。如有些人希望土葬，有些人則希望火葬，另有些人則希望海葬，全看個人需要，可在遺囑中載明。

2.自主（或自決）原則

生死只有一次，死亡是自己並非別人，具有自我性、排他性。如遺囑中可載明財產如何分配、喪事如何辦理、訃文如何印發，可以按照自己的想法事前來作規劃。

3.實踐（或參與）原則

死亡是自己親身的實踐，是無法逃脫的，亦是無法規避的，「預立遺囑」正是將來死亡的實踐。而遺囑可隨環境變化、個人觀念改變而隨時更改。如有些人希望緩和醫療以尊嚴地往生，避免在生命臨終前一刻，鼻孔猶插滿各種塑膠管，實施電擊心臟無法斷氣。有些人則希望能緩和醫療進入安寧病房，求得無痛死亡等。上述都可以預先規劃，避免屆時無法言語不能表達任人擺布。

4.完成原則

死亡是生命的終極完成，唯「預立遺囑」製作完成後，亦必須考慮法律構成要件，完成法律程序，始為最好的生死管理。

有鑑於人工生殖技術的發達，從精子冷凍保存技術到複製羊的產生，人類醫學技術已經可以挑戰到冷凍人或複製人的可能性，人死可以復生的

❷ 戴天岳，〈從生死管理的觀點探討警察人員預立遺囑的必要性〉，《警光》，1551期，2002年6月，pp. 46-50。

觀念已經達到理論可行而技術層面尚未成熟的階段，如果人類在生前罹患癌症而無法治癒，預立遺囑將身體冷凍後，等待醫學技術的突破，再加以解凍治療，這將會挑戰醫學與法律上對於死亡的定義。

因此，過去死亡代表個人生命與權利義務的終止，現在卻可以用人工冷凍保存精子的技術來延續並創造出一個新的生命，這種扮演上帝造人的技術，涉及生理、倫理、道德、婚姻、血統、法律等問題。民國94年10月發生一位新婚不久的保險理財顧問楊凱偉先生，有鑑於李幸育小姐為遭戰車撞死的孫吉祥連長死後取精的故事，於生前預立遺囑希望留後的心願，雖然兩件案例都順利完成死後取精之遺願，但是有礙於國內《人工生殖法》草案尚未經立法院三讀通過前，處於法律空窗期之下，死後取精沒有法律拘束，不須通報亦無違法問題，似乎為取精生子留下一線曙光，然而在《人工生殖法》草案的立法精神認為：「基於人工生殖技術屬醫療行為係以治療不孕為目的，非作為創造生命之方法；對於生殖細胞及胚胎應予尊重，不得任意移為人類品種改良之實驗；禁止為商業目的，而實施人工生殖技術及相關之行為，以維護生命之倫理及尊嚴。」為死後取精生子設下一個「治療不孕而非創造生命」的門檻，再加上現行《醫師法》第二十五條第四項規定，醫師有執行業務違背醫學倫理者，由醫師公會或主管機關移付懲戒。懲戒之方式依據《醫師法》第二十五條之一規定：有警告；命接受額外之一定時數繼續教育或臨床進修；限制職業範圍或停業一個月以上一年以下；廢止執業執照；廢止醫生證書。所以，即使死後取精目前並不違法，但是受孕生子卻礙於法令之限制，沒有醫生敢冒風險為家屬做人工生殖技術。

雖然《人工生殖法》草案的立法精神認為：「親子法中，以子女最高利益為指導原則之精神，於人工生殖之場合並無改變；妥適規範人工生殖子女之地位，以維護其權益；規範之內容應包括醫事法層面之管理、當事人間之權利義務關係及可能產生之法律責任。」但是我國《憲法》第二十二條規定（基本人權之保障）：「凡人民之其他自由及權利，不妨礙社會秩序公共利益者，均受憲法之保障。」所有《人工生殖法》草案中實施人工生殖所適用的對象是否僅限於「夫妻」，筆者認為這種部分生殖權益的保障已經違

反《憲法》第七條平等權之保護規定，為了全面通盤檢討《人工生殖法》草案有關「夫妻」條件之規定限制，建議修法擴大適用的範圍，將「夫妻」修正為「夫妻或遭遇重大變故之男女經法院裁定認可」，一方面保障合法婚姻關係的不孕夫妻，另一方面由公權力的輔助與評估，在法院裁定期間可以邀請雙方家屬、醫師、心理師、社工師及學者專家出庭闡述意見，以當事人的最佳利益來考量，也提供所有非夫妻關係之男女適用人工生殖技術的法律正當性。

從臨終處理開始、遺體穿著、訃聞、墓誌銘到告別式、喪葬方式甚至懷思方式，您都可以預先寫下自己想要的風格，這是最後一次您和親友、世界惜別的機會，讓肉體變化超升為精神層次的過程，充滿著溫馨和愛的祝福。臺北市社會局於民國 92 年至 94 年已辦理三次海葬、隨著民眾接受度越來越高，參加人數每年遞增。在 95 年 5 月 5 日與台北縣政府民政局合辦「海洋之心」聯合海葬，民眾將能響應環保，選擇回歸自然喪法。市面上亦已出現生前契約，預約喪禮制度，從臨終諮詢、禮廳設立、治喪協調、奠禮執行、火化進塔到追思服務全套一應俱全，可詢問作為參考，例如龍巖人本服務股份有限公司 (http://www.lungyengroup.com.tw)；金寶山事業股份有限公司 (http://www.memory.com.tw)；慈恩園寶塔誠業股份有限公司 (http://www.zionpark.com.tw) 等。

第一章　中國遺囑之歷史背景與變遷過程

　　遺囑在我國很早就得到了應用，如春秋時期即有「遺言」。後世，有「遺表」、「遺訓」、「遺囑」等，不同名稱都可說是遺囑❶。遺囑之涵義，較《民法》上遺囑之涵義為廣，凡於生前處理死後事宜之意思表示，均稱為遺囑。故不但關於立嗣等身分事項，及家產處分等財產事項，而且對於死後喪葬及子孫應遵守事項，均屬之。我國關於遺囑最早之資料，有《左傳‧哀公三年》及《後漢書》，卷三二，〈樊宏傳〉之記載，而法令則有《唐令》可稽。依唐《喪葬令‧戶絕條》規定，「諸身喪戶絕者，所有部曲、客女、奴婢、店宅、資財，並令近親（親依本服，不以出降）轉易貨賣，將營葬事及量功德之外，餘財並與女（戶雖同，資財先別者，亦准此）。無女，均入以次近親。無親戚者，官為檢校。若亡人存日，自有遺囑處分，證驗分明者，不用此令。」資言之，遺囑另有處分時，應依遺囑；無遺囑時，始用此令❷。兩宋在唐代「遺囑處分」的基礎上也有所發展。例如：立遺囑人有年齡限制。《清明集‧戶婚門》中有以下記載：「七歲，且遺囑非真。」其次，遺囑以書面為有效，並需「親書遺囑，經官給據」，「經縣印押」，凡未經官印押的遺囑不予承認。最後根據遺囑「已分財產滿三年而訴不平，及滿五年而訴無分違法者，各不得受理。」、「又遺囑滿十年而訴者，不得受理。」❸1911 年完成的《大清民律（草案）》，參照德國、日本等國《民法》的繼承制度，第一次明確規定了遺囑繼承制度，但還未及實施便隨著清王朝的覆

---

❶ 李志敏著，《比較家庭法》，北京大學出版社，1988 年 11 月第一版，p. 62。

❷ 陳棋炎，黃宗樂，郭振恭合著，《民法繼承新論》，三民書局，1990 年 9 月再版，p. 291。

❸ 張晉藩主編，《中國法制史》，五南圖書出版公司，1992 年 9 月第一版，pp. 532–533。

滅而夭折了❹。

　　中華民國於 1912 年推翻滿清王朝建立政權以後，因為內戰因素而未能即刻制定《民法》，但是《民法》草案的研擬仍持續在進行中。我國《民法》繼承編歷次草案，悉倣德、日《民法典》，獨立成為一編而位列置於《民法典》之最後，現行《民法》繼承編，係於 1930 年 12 月 26 日，由國民政府公布，1931 年 5 月 5 日施行者，迄 2006 年歷時 75 年，惟在此期間，社會結構、經濟型態以及人民生活觀念，多有重大改變，以現行《繼承法》，誠不能應付社會上現實之需求。此種情況，非獨我國，自第二次世界大戰以後，各國《民法典》多有修正，其中尤以身分法之修正幅度最大，例如：德國、法國、瑞士、日本等國是。我國《民法》繼承編，繼親屬編修正草案於 1979 年 4 月完成以後，全盤檢討，擇要修正，至 1979 年 7 月完成初稿，1985 年 5 月間，立法院三讀通過，同年 6 月 3 日與親屬編同時由總統公布修正《民法》第一千一百四十五條、第一千一百六十五條、第一千一百七十四條、第一千一百七十六條至第一千一百七十八條、第一千一百八十一條、第一千一百九十五條、第一千一百九十六條、第一千二百十三條、第一千二百十九條至第一千二百二十二條，暨第三章第五節節名；又增訂第一千一百七十六條之一、第一千一百七十八條之一等；並刪除第一千一百四十二條、第一千一百四十三條、第一千一百六十七條等條文，與舊條文合併成為現行《民法》繼承編之規定❺。《民法》在臺灣、香港、澳門及大陸，內容中關於遺囑之規定，簡述如下：

1. 我國於 1930 年 12 月 26 日公布《民法》繼承編，其中包含第三章中有關遺囑之通則、方式、效力、執行、撤回與特留分等規定共計四十條規定。

2. 香港於 1970 年 3 月頒布了《遺囑條例》總共三十條，由序言、遺囑與按遺囑處置財產有關的法律衝突以及條例的適用四部分構成，其中涉及立遺囑必須具備的法律規定的條件和程序，立遺囑人應具備的條件，遺囑

---

❹　劉素萍主編，《繼承法》，中國人民大學出版社，1983 年 4 月第一版，pp. 253–254。

❺　陳棋炎，黃宗樂，郭振恭合著，前揭書《民法繼承新論》，p. 26。

見證人資格及其作用，遺囑的修改、撤銷與無效的程序，遺囑的解釋以及遺囑的法律適用等內容❻。

3. 澳門於 1999 年 11 月 1 日開始實施《澳門民法典》，其中《繼承法》第四編遺囑繼承包括一般規定、遺囑能力、相對不可處分之情況、意思之欠缺及瑕疵，訂立遺囑之方式，遺囑內容，遺囑及遺囑處分之無效、可撤銷、廢止及失效與遺囑之執行，總共一百四十五條。

4. 大陸於 1985 年 10 月實施《繼承法》，其中包含第三章遺囑繼承和遺贈中有關遺囑之能力、方式、撤銷、執行、效力及遺贈等規定，共有七條。

---

❻ 侯放著，《繼承法比較研究》，澳門基金會，1997 年 6 月第一版，pp. 15–16。

第二章　西方遺囑之歷史背景與變遷過程

英國學者梅因 (H. S. Maine) 在《古代法》(Ancient Law) 中關於遺囑的敘述:「『遺囑』一物將吾人之旨意直接傳降者,初時即於其宣立之後立刻發生效力,既非祕密,又非可以改換。實言之法律上此種管理死後財產分配之工具,其歷史之繁複,鮮有其他工具可與比肩者也❶。」

羅馬早在西元前五世紀十二銅表法 (Twelve Decemviral Tables) 已承認遺囑。至西元前二世紀,遺囑已為一般人所普遍使用,無遺囑繼承已成為例外現象❷。遺囑,最初須於「民會」(co-mitia calata) 為之。「民會」每年召集二次,將遺囑案提出「民會」,經其決議後,即發生效力,不得撤回之。故古代羅馬之遺囑,以與制定法律同一程序為之,既非祕密,須公開為之,又不得撤回,且非以要式文書作成之。嗣後,藉「握取行為」(mancipatio) 方式,而為之「銅衡遺囑」(testamentum per aes et libram)。此乃遺囑人,形式的將遺產出賣於買主 (familiae emptor),買主立於繼承人地位 (heredis loco),履行遺囑之本旨(將遺產轉交於指定繼承人)。嗣後此變為形式,遺囑人通常作成遺囑後,宣言其作成遺囑,由證人五人,持衡器者及買主,同簽名於遺囑書。於是,遺囑變為單獨行為❸。到了中世紀,由於天主教會基於擴大其財產目的的大力倡導,這種財產繼承方式更成為整個基督教世界的一項通用制度。遺囑繼承作為處分遺產的方式,將所有權的行使延伸到了所有人死後,因而使得所有權制度更為完整,更加體現了個人主義與自由主義❹。

---

❶ 梅因著,《古代法》,商務印書館,1954 年出版,p. 49。
❷ 陳棋炎著,《民法繼承》,三民書局,1957 年 2 月初版,p. 289。
❸ 戴炎輝,戴東雄合著,《中國繼承法》,三民書局,1987 年 8 月修訂版第二版,p. 233。

一、古羅馬時期

在《羅馬法》中，立法者設定的規則是允許遺囑人以口頭和書面形式訂立遺囑，但是一切均按照法律規定的方式和程序進行。當然，在不同時期法律規定的方式和程序亦有差異❺：

㈠在羅馬古代

在此期間，《羅馬法》所肯認的遺囑形式有兩種，它們也是《羅馬法》最早肯認的兩種遺囑形式。一是民眾會議遺囑 (testamentum calatis comi-tiis)，這是一種在和平、安寧時期立遺囑的方式；二是戰前遺囑 (testamentum in procinctu)，這是在戰爭時期或者進行某些戰鬥之前人們採用的一種立遺囑的形式，即在為參加戰爭而入伍時所立的遺囑。這兩種遺囑方式均有一定的程序要求：

1.民眾會議遺囑

遺囑人以民眾會議遺囑的方式，將自己指定繼承人的意思表達出來，並使之產生法律效力。遺囑人必須按照下列要求行事：

⑴準備好自己的遺囑內容，如指定何人為繼承人、廢除何人為繼承人等重大事項。

⑵在會議主持人的主持下，遺囑人當著參會者的面公布自己遺囑的內容。

⑶參會者依公平的原則進行評議。但是後來由於這最後的程序有悖於意思自治而被取消。參會者不再進行所謂的評議，而是作為遺囑證人來了解遺囑的內容。

2.戰前遺囑

有效的遺囑要求遺囑人必須按照下列規則行事：

⑴準備好自己的遺囑內容。

---

❹　由嶸主編，前揭書《外國法制史》，pp. 454–455。

❺　費安玲著，《羅馬繼承法研究》，中國政法大學出版社，2000 年 4 月第一版，pp. 137–151。

(2)在軍隊整裝待發前，當著將士的面公布自己的遺囑。此時，眾將士們
　　具有遺囑證人的法律地位。

㈡公元前二世紀至帝國時期之前

　　根據蓋尤斯 (Gaius) 和優士丁尼 (Justinian) 分別所著《法學階梯》
(Institutions Justinian) 的記載，為了對那些既未立下民眾會議遺囑又未立下
戰前遺囑的人給予救濟，羅馬《市民法》(Civil Law) 又增加了第三種遺囑
形式，即「要式買賣遺囑」(testamentum per aes et libram)，又名為銅式遺囑
（即銅衡遺囑，兩岸學者翻譯不同）。它以銅和秤作為立遺囑的道具。

　　要式買賣遺囑是不同於羅馬古代時期的一種新的立遺囑方式。該立遺
囑形式除了「首先應當看看立遺囑的人是否具有立遺囑的資格」以外，更
要求對遺囑的要式行為的審查，具體要求是：

(1)必須以要式買賣的方式進行立遺囑的意思表示。即必須有五名成年的
　　羅馬人和一名司秤 (Libripens)，並且必須以固定的語言表達自己立遺
　　囑、指定繼承人等重要遺囑內容的意思表示。

(2)必須有法律認可的證人在場作證。那些處於家產買主或者遺囑人的支
　　配權下的人、處於父權之下的、擔任家產買主的人的父親等人，根據
　　《市民法》的規定，不得擔任證人。

　　要式買賣遺囑是從「家產要式買賣」(mancipatio famigliae) 發展而來，
家產要式買賣又被稱為「信託遺囑」(testamentum iduciarid)。這種遺囑是法
學家們為了彌補民眾會議遺囑和戰前遺囑的不足，創設了這種以「家產買
賣」方式將死者的遺產轉移於繼承人的方法❻。立信託遺囑的方式是如果
某人突然發生瀕臨死亡的情形，而他既未立下民眾會議遺囑又未立下戰前
遺囑，那麼他可以將自己全部的財產，用要式買賣的方式「賣」給自己所
信任的一位朋友，該朋友即成為「家產買受人」(familiae emptor，即買主，
兩岸學者翻譯不同)。同時「出賣人」附有一項信託契約，要求該朋友在他

---

❻　Matteo Marrone Istituzioni di diritto roman, PALUMBO, p. 845；P・彭梵得著，
　　黃風譯，《羅馬法教科書》，中國政法大學出版社，1996 年出版，p. 458。

死後將該財產給予自己所希望給予的人。這種立遺囑方式如同在其他要式買賣活動中一樣，必須採用要式買賣的方式進行，立遺囑人必須聘請五位成年的羅馬市民作為證人並聘請一位司秤，他先書寫遺囑，然後在形式上將他的財產以要式買賣的方式賣給他所信任的朋友。一旦遺囑人死亡，「買受人」接受了該項財產，他便成為該財產的所有權人，同時，他必須依照遺囑人的託付，把財產全部移轉給遺囑人指定的繼承人。此後，至共和國末期，依《市民法》所確認的要式買賣遺囑方式所存在的弊端日趨明顯，由於其設立遺囑的方式極為繁瑣，使之難以適應社會發展的需要。因此，透過裁判官告示的形式，對遺囑形式的要求發生了重大變化。

裁判官遺囑是裁判官根據社會生活的實際需要，取消了要式買賣遺囑的繁瑣形式，創設了一種新的並且簡單的簡式立遺囑方式。人們將其命名為「裁判官遺囑」(testamentum praetorium)。裁判官在告示中規定，允許立遺囑人在立遺囑時可以不再考慮必須遵循五個證人、一名司秤以及必須表達的固定格式的語言等一套繁雜的程序，只要繼承人能夠提交蓋有至少七名證人印章的密封遺囑，則裁判官將賦予遺囑中指定的繼承人以請求占有遺產的權利，這種遺產占有被稱為「依遺囑的遺產占有」(bonorum possessio secundum tabulas)❼。

㈢優士丁尼時代

在優士丁尼時代，繼受了裁判官法的規定，同時亦採納了有利於保障遺囑真實性的《市民法》和皇帝諭令的有關規定，使得遺囑在意思表示的形式既能夠滿足保障遺囑真實性和安全性的需要，又能夠滿足盡可能簡化的要求。根據優士丁尼時代的立法，遺囑被劃分為兩大類：私式遺囑(testamento privato) 和公式遺囑 (testamento pubblico)。

---

❼　費安玲譯，《民法大全選擇・遺產繼承》，中國政法大學出版社，1995 年出版，p. 71。C. 6, 23, 21, 4（《優士丁尼法典》第 6 編第 23 章第 21 片段第 4 點）；C. 6, 23, 26.（《優士丁尼法典》第 6 編第 23 章第 26 片段）

1.私式遺囑 (testamento privato)

所謂私式遺囑，是指遺囑人自行製作無須在政府機構備案的遺囑。私式遺囑分為書面和口頭的兩種形式。

⑴私式書面遺囑 (testamento privato)

是以書面形式表現的私式遺囑，優士丁尼將其稱為「三源遺囑」(tripertitum)❽。對它的形式上的要求是：

①遺囑人當著七名證人的面，將遺囑一次性完成，不過這並非意味著必須將內容公開。後來允許遺囑人事先當著證人的面或者由證人親筆書寫。

②遺囑人要在遺囑上親筆簽名。

③由七名證人共同在密封的遺囑外面簽字並蓋章。

⑵私式口述遺囑 (testamento privato orale)

是以人的發音器官進行空氣震盪形式表現的遺囑。法律要求口述遺囑的形式條件是：

①遺囑人以口頭形式表達自己遺囑的內容。

②遺囑人的口頭表達必須當著七名證人來進行。

③證人可以將遺囑人口頭表述的內容記錄下來，但是單純的紀錄不得作為遺囑。只有證人們均在紀錄上簽字蓋章，證明其真實性，方可具有法律效力。

2.公式遺囑 (testamento pubblico)

所謂公式遺囑，是指由政府機構保管或者在政府機構備案的書面遺囑。它包括兩種情形：

⑴御存遺囑 (testamentum principi oblatum)

這是指遺囑人將自己的書面遺囑呈請皇帝保管，皇帝將該遺囑交予執法官備案保管的一種遺囑形式❾。

---

❽　周楠先生將其稱為「三合遺囑」，陳朝璧先生將其稱為「複式遺囑」。

❾　Pasquale Voci Istituzioni di diritto romano, GIUFFRE, 1996, p. 604；Matteo Marrone Istituzioni di diritto romano, PALUMBO, 1989, p. 850；C. 6, 23, 19. 《《優

⑵公證遺囑 (testamentum apud acta conditum)

這是指遺囑人在行省或者內事裁判官的辦公室內，證明自己在遺囑中表達的意願是真實的，由裁判官等作出筆錄並存檔的一種遺囑形式❿。

準確地講，優士丁尼時代有關遺囑形式與類型的規定，主要來源於法律昌明時期已經基本定型的法律理論和法學實踐，同時又帶有西元 4 世紀中葉（西元 439 年）狄奧多西二世 (Theodousius II) 和瓦倫丁尼安三世 (Valentinan III) 以及後來優士丁尼本人進行必要變更的痕跡。其具體體現為：

⑴保留了有關遺囑證人資格審查的規則，但廢除了《市民法》對遺囑證人苛刻的要求，允許受遺贈人以及與其有關係的人等作為證人。優士丁尼特別賦予這些人擔任證人資格，因為他們並不繼承死者的權利⓫。

⑵遺囑是否為遺囑人所親自書寫並不重要，在這點上保留了傳統規則。但是根據狄奧多西 (Theodosius) 皇帝和瓦倫丁尼安 (Valentinan) 皇帝西元 439 年的諭令和優士丁尼皇帝西元 530 年的諭令，要求遺囑人必須當著證人的面在遺囑上簽字，同時證人們亦必須在遺囑上簽字。

在優士丁尼時代，除了私式遺囑和公式遺囑之外，還有一些「特殊遺囑」(testamenti speciali) 這些遺囑之所以特殊，或是因為立遺囑的程序要較一般的遺囑簡單或者複雜，或是在立遺囑的程序上沒有一定之規。這些遺囑包括：

1. 軍人遺囑 (testamentum limitis)

這是指任何現役軍人無需依照一定的方式所立的遺囑。它是從羅馬古代的戰前遺囑演進而來的一種遺囑形式。

2. 盲人和聾啞人遺囑 (testamentum blind and deaf-mute person)

這是西元 521 年優士丁尼的一個諭令所規定的一種特殊遺囑類型⓬。

士丁尼法典》第 6 編第 23 章第 19 片段）

❿　C. 6, 23, 19, 1.（《優士丁尼法典》第 6 編第 23 章第 19 片段第 1 點）

⓫　優士丁尼著，張企泰譯，《法學階梯》，商務印書館，1989 年出版，p. 77。Inst. 2, 10, 11.（優士丁尼《法學階梯》第 2 編第 10 章第 11 片段）

這一類型涉及書面和口頭遺囑的必備條件的協調。鑑於立遺囑人在聽覺器官或視覺器官等方面存在缺陷，則要求這些人在立遺囑時，必須七名證人和一名公證人在場，這些人必須了解遺囑的內容。遺囑內容或者是遺囑人在遺囑被作成書面形式之前公布之，或者在遺囑已經被作成書面形式後宣讀它。在上述任何情況下，七名證人和一名公證人均必須在遺囑上簽字蓋章。

3. 文盲遺囑 (testamentum illiteracy)

這是西元 439 年由狄奧多西和瓦倫丁尼安的一個諭令所規定的類型。鑑於立遺囑人不會寫字，故要求在立遺囑時，除了有七名證人之外，還需要第八個人將遺囑人所述內容書面寫下來，然後他們共同在遺囑上簽字蓋章。

4. 傳染病期間的遺囑 (testamentum tempore pestis)

這是西元 290 年戴克里先 (Diocletian) 皇帝的一個諭令所規定的一種特殊類型遺囑❸。當遺囑人患有傳染病時，證人可以不與遺囑人接近，僅在已經作出書面形式的遺囑簽字即可。在帝國後期，義大利半島一度鼠疫蔓延，人人自危，一旦發現病情，便將周圍一片地區封鎖起來。在這種情況下，便適用傳染病時期的遺囑規定，證人們無需接近遺囑人，以避免傳染上疾病。

5. 鄉人遺囑 (testamentum villager)

這是西元 534 年優士丁尼的有關諭令所規定的遺囑類型。通常鄉村偏僻，道路難行，人口稀少，且識字的人不多。原則上講，鄉人立遺囑同樣適用必須七名證人在場，但是，在不可能找到七名證人的情況下，五名證人即可。當其中有證人不識字時，可以有其他證人代為簽字，但是他必須要了解遺囑的內容。甚至法律允許在遺囑人死亡後，證人們以宣示的方式證明遺囑。

---

❷　C. 6, 28, 8.（《優士丁尼法典》第 6 編第 28 章第 8 片段）

❸　C. 6, 23, 8.（《優士丁尼法典》第 6 編第 23 章第 8 片段）

二、中世紀時期

東羅馬帝國優士丁尼（西元 527 至 565 年在位）時期，進行了羅馬法律制度史上最有成效和影響最深的法典編纂。西元 528 年，優士丁尼任命大法官特里波尼安 (Tribonian) 和著名法學家提奧菲魯斯 (Theophilus) 等人組成十人委員會，後又增至十六人，對當時皇帝的敕令、元老院的決議、裁判官的告示以及古典法學家的著作進行審訂和編纂。從西元 528 年到 534 年，共編成《優士丁尼法典》(Justinian Code)、《法學匯纂》(Ecloga)、《法學階梯》(Institutiones)。優士丁尼死後，由私人將其從西元 535 年到 565 年所頒布的敕令加以彙集，名為《新律》，收入法典中。至西元 16 世紀，以上四部分與《教會法大全》(Corpus Juris Canonici) 相對應統稱《國法大全》(Corpus Juris Civilis)。《國法大全》內容豐富，是集千年《羅馬法》(Romal Law) 之大成，標誌著《羅馬法》發展的頂峰，對後世立法，特別是對大陸法系法典法的形成發展，具有重大影響❶。

三、近代歐洲的法典編纂運動

西元 17 世紀末，歐洲產生法典編纂運動。丹麥於 1683 年，瑞典、芬蘭於 1784 年，挪威於 1791 年，相繼制定了《民法典》。但這些國家的《民法典》與這些國家本身一樣在歐洲沒有舉足輕重的地位。1789 年法國爆發大革命，建立起資產階級政權。大革命後，拿破崙應資產階級要求，在《羅馬法》基礎上制定了《法國民法典》（1804 年）。由於法國革命和拿破崙的影響，這部法典成為比利時、盧森堡、荷蘭、義大利、波蘭、西班牙等許多國家編纂《民法典》的模式。1900 年，德國又在《羅馬法》基礎上編纂了《德國民法典》。這部法典非常典型地反映了資本主義從自由競爭階段向壟斷階段過渡的社會經濟關係，也是一部極其重要的法典。它影響了瑞典和東歐國家的法典編纂，並為日本所借鑑。此外，上述許多國家除編纂《民

---

❶ 董茂雲著，《比較法律文化：法典法與判例法》，中國人民公安大學出版社，2000 年 1 月第一版，p. 3。

法典》外，又編纂憲法、刑法、商法、訴訟法等法典。由於這些法典中法、德兩國的《民法典》影響最大，《羅馬法》的烙印最深，故以這兩部法典為核心，形成了大陸法系⓯。

四、普通法系的判例法傳統

(一)英國法的獨特道路

　　普通法系，是指以英國普通法為主要基礎的一類國家及地區的法律制度的總稱，其中以英國和美國的法律制度最具代表性。普通法系又稱英美法系、英吉利法系、海洋法系和判例法系。普通法系的形成和發展過程，就是判例法傳統的形成和發展過程。西元前 1 世紀，羅馬帝國征服不列顛島，統治達 4 世紀，但僅有少數沿海城市受羅馬控制，其他地區的凱爾特人仍保留其氏族制度⓰。西元 5 至 6 世紀，日耳曼民族向羅馬帝國境內進行民族大遷徙。居住在北德意志易北河附近的盎格魯‧撒克遜人和萊茵河附近的裘特人，先後入侵不列顛，建立起幾個部族國家。盎格魯‧撒克遜人帶來的屬於本部族的日耳曼習慣法。即使有一些制定法，也均是習慣法的記載。

　　總的來說，法律分散，因地而異。到了西元 9 世紀，威賽克斯王國用武力征服其他幾個部族國家，在不列顛島上形成了統一的英吉利王國，但法律的分散狀態仍沒有改變。1066 年，法蘭西大封建主——諾曼第威廉公爵 (William, duke of Normandy) 帶領諾曼人征服英國。當時，英國的法律制度很混亂，國王通過發布敕令，建立王室法院，並派遣法官到各地巡迴審判。巡迴法官辦案時除依據國王的詔書、敕令外，主要依據各地盎格魯‧撒克遜人的習慣法。巡迴審判後，法官定期集中在中央機關所在地威斯特敏斯特討論和辯論一些案例和法律觀點，綜合彼此依據的習慣和法律，在以後的巡迴審判中加以運用。巡迴法官在審案時按照國王的意志統一解釋

⓯　董茂雲著，前揭書《比較法律文化：法典法與判例法》，pp. 11–12。

⓰　林榕年主編，《外國法制史新編》，群眾出版社，1994 年出版，p. 265。

和適用各地的習慣法，由此逐漸形成一種在全國通用的習慣法，被稱作普通法❶。英國自西元 14 世紀以後，經濟發展迅速。這時普通法的基本原則已經定型且系統化，因而呈現出保守性。許多案件，或被普通法院拒絕，或被判決不公。為了從法律上救濟這些當事人，國王授權大法官以「國王良心的保護人」的身分，審理案件。大法官按「公平、正義」即「衡平」原則判案，也逐漸形成一套法律體系，稱衡平法❶。15 至 16 世紀後隨著國會地位的逐步提高，國會的立法活動日益頻繁，制定法不斷增多。西元 17 世紀起，資本主義性質的法律體系也逐步形成。不過，法律形式依然是封建時期的普通法、衡平法和制定法，法律內容則透過司法解釋或新的立法，逐漸向資本主義性質過渡。從 18 世紀 60 年代起，歐洲法典編纂運動的積極響應者，英國著名法學家邊沁 (Jeremy Bentham) 於 1776 年發表了《政府論》(A Fragment on Government)，1789 年又發表了《道德與立法原理總論》(An Introduction to the Principles of Morals and Legislation)，他用功利主義標準衡量英國當時的法律，指責英國法的古老和不完善以及保守主義，全力鼓吹透過立法改革英國的法律，並極力倡導法典編纂。邊沁的影響從 19 世紀一直存留到今天，導致英國判例法的部分制定法化。

(二)美國對英國法的繼承

17 世紀初，美國開始了殖民時期。由於那時殖民地居民在實際生活中迫切需要法律，又鑑於英國普通法的複雜、保守，存在著普通法繼受方面的許多困難，因此，大多數殖民地都制定了具有最低限度必要規則的法律，英國法不過是填補其缺失的次要法源。18 世紀後，隨著英國對殖民地統治

---

❶　林榕年主編，前揭書《外國法制史新編》，p. 269。

❶　日本著名法學家穗積陳重在其《法律進化論》一書中，較為全面地概括了當時英國於普通法之裁判外另需平衡法院之理由：(1)普通法過於嚴酷；(2)普通法拘泥於文字而拋棄精神；(3)普通法為先例所束縛，未能顧及各種事件之特別情形；(4)普通法僅承認幾種定式訴訟；(5)最重要的是，普通法之救濟，僅限於損害賠償，過於狹隘。

的加強及殖民地熟悉英國法的人數增加，英國法在北美殖民地的影響顯著增長 ❿。19 世紀中期在紐約州圍繞法典編纂所展開的激烈爭論就集中體現了英國法和大陸法傳統之間的衝突。這兩種傾向的鬥爭，以普通法傳統一方取得勝利而告終，美國在整體上確立了普通法傳統（除路易斯安那州）。

---

❿　沈宗靈著，《比較法總論》，北京大學出版社，1987 年出版，pp. 190–193。

第三章 遺囑之意義與內容

第一節 遺囑之意義與特徵

遺囑係遺囑人為其於死後發生效力為目的，依法定方式所為的單獨行為❶，或謂公民按照法律規定的方式處分遺產或其他事務並於其死亡時發生效力的一種法律行為❷。換言之，遺囑是遺囑人生前依法對其所有財產或其他事務所做的個人處理，並在其死後發生法律效力的單方法律行動❸。茲分析遺囑之法律特徵如下：

一、遺囑為無相對人之單獨行為（單方法律行為）

遺囑以遺囑人之一方的意思表示而成立，不必對一定之人表示，亦不須得任何人之承諾❹，即謂單方的法律行為，只要一方作出意思表示，不需要其他人同意，就能成立，故遺囑就是一種以意思表示為要件的單方法律行為❺。遺囑為法律行為之一種，若不發生法律上之效力，則非法律上之遺囑，例如國父遺囑或蔣公遺囑❻。「遺願」或「遺言」若是屬於社交上

---

❶ 戴東雄，劉得寬編著，《民法親屬與繼承》，五南圖書公司，1993 年 5 月第二版，p. 336。

❷ 陶希晉總編，《中國民法學‧財產繼承》，中國人民公安大學出版社，1990 年 6 月第一版，p. 323。

❸ 王春旭，羅斌主編，《港澳臺民商法》，人民法院出版社，1997 年 6 月第一版，p. 96。

❹ 戴炎輝，戴東雄合著，前揭書《中國繼承法》，p. 238。

❺ 俞建平，王保涵編著，《遺產繼承和分家析產》，法律出版社，1987 年 10 月第一版，p. 46。

遺孤的付託，並非《民法》上遺囑，例如中巴混血兒童吳憶樺跨海監護權爭奪案，關鍵就在於生父吳登樹並未立下遺囑，而是以「遺願」或「遺言」方式，導致無法舉證成立有效之遺囑來指定吳火眼為監護人，最後法院終究是判決巴西外祖母羅莎取得吳憶樺的監護權。

二、遺囑須依法定方式為之

遺囑係死者之最終意思，且其內容，大抵極重要且其效力均於遺囑人死後始發生，故為確保遺囑人之真意，防止利害關係人爭執，並期遺囑人慎重其事起見，我國《民法》特別規定遺囑為要式行為（我國《民法》第一千一百八十九條以下），遺囑非依法定形式為之者，法律上不生遺囑之效力(我國《民法》第七十三條，我國最高法院71年臺上字第1805號判決) ❼。香港《遺囑條例》第五條規定遺囑以書面訂立，並由立遺囑人簽署或由其他人在立遺囑人面前並依其指示簽署。香港遺囑的形式主要是自書遺囑，可用中文或英文方式書寫，須合於法律規定的方式才具備法律的效力。澳門《民法典》第二千零三十八條至第二千零四十三條規定訂立遺囑之普通方式；第二千零四十四條至第二千零五十四條規定訂立遺囑之特別方式。大陸《繼承法》第十七條對遺囑繼承形式要件作了具體規定，要求遺囑人設立遺囑時，必須依照《繼承法》規定的形式進行，違反法定形式的遺囑則不發生法律效力 ❽。

三、遺囑係以遺囑人死後發生效力為目的

遺囑之成立，固在遺囑人為意思表示之時，然其效力之發生，則在遺囑人死亡之後。從而，遺囑，與以遺囑人之死亡為期限或條件之生前行為（例如終身定期金契約、死因贈與），且有區別 ❾。遺囑既須遺囑人死亡後

---

❻　林秀雄，〈民法繼承編：第九講遺囑總論〉，《月旦法學教室》，第22期，2004年8月，p. 48。

❼　陳棋炎，黃宗樂，郭振恭合著，前揭書《民法繼承新論》，p. 294。

❽　劉素萍主編，前揭書《繼承法》，p. 260。

發生效力，則在遺囑人未死亡以前，因遺囑而得將來享受一定利益之人，不得有於遺囑人死亡後取得其權利之期待❿。換言之，遺囑是遺囑人生前所為的法律行為，然而這種法律行為在立遺囑時並未發生法律效力，它只是預先對遺囑人死後的財產作出處理，它的法律效力應當從遺囑人死亡時開始⓫。在遺囑人死亡前，任何人均不得要求按照已設立的遺囑繼承遺產⓬。

實　例 ▶▶▶

　　民國 90 年中巴混血兒童吳憶樺跨海監護權爭奪案喧騰一時，牽動兩國的司法與外交的角力戰，吳憶樺（巴西名為 Iruan-Ergui-Wu，以下簡稱吳童），係巴西籍人民瑪麗莎・達法利斯・愛兒吉（巴西名為 Maitavares Ergui，中文名為吳安妮）與我國籍人民吳登樹於 1995 年 7 月 12 日於巴西所生之非婚生子女，出生後由生母與外祖母羅莎・沃克姬亞・愛兒吉（巴西名為 Rose Leocadia Da Silva Erguj，以下簡稱外祖母羅莎）共同扶養照顧，嗣生母吳安妮於 1998 年病故，由同住之外祖母羅莎繼續照顧，吳登樹因係船員長年漂泊在海外，乃於 2000 年 10 月 31 日於巴西大河州愉港市「第一票據公證事務所」辦理公證手續，認領吳童為其兒子，並將姓名改為 "Iruan-Ergui-Wu"，更於 2000 年 11 月 1 日於上述公證事務所辦理將吳童之監護權委由外祖母羅莎行使之公證手續，上開公證文件亦經我國駐巴拉圭大使館認證。

　　2001 年 3 月 15 日經外祖母羅莎同意，吳童持巴西護照隨同父親吳登樹回臺探親，詎料吳登樹於回臺一星期後過世，吳登樹

---

❾　陳棋炎，黃宗樂，郭振恭合著，前揭書《民法繼承新論》，p. 294。
❿　羅鼎著，《民法繼承》，會文堂新記書局，1949 年 1 月第一版，p. 169。
⓫　陶希晉總編，前揭書《中國民法學・財產繼承》，p. 324。
⓬　彭誠信主編，《繼承法》，吉林大學出版社，2000 年 9 月第一版，p. 126。

的臨終「遺願」希望將吳童留在臺灣，吳童遂隨叔叔吳火眼居住於高雄縣茄萣鄉，並行認祖歸宗之儀式與辦理在臺之戶籍登記，拒將吳童送回巴西，並向臺灣高雄地方法院提起「聲請改定監護人之非訟事件」，於2002年8月9日臺灣高雄地方法院90年監字第95號民事裁定遭聲請駁回。吳火眼對於駁回改定監護權聲請之一審裁定提出抗告，亦遭臺灣高等法院高雄分院91年度家抗字第103號裁定抗告駁回。外祖母羅莎於2001年4月20日向巴西聯邦共和國南大河州葛諾阿斯地區青少年法院提起「尋求及關注未成年人之預防性訴訟」，確認吳童之監護權為外祖母羅莎。從而來臺欲將吳童帶回巴西卻遭吳火眼拒絕，外祖母羅莎乃向我國臺灣高雄地方法院提起「交付被監護人之訴」，於2002年8月16日臺灣高雄地方法院90年度親字第153號民事判決被告吳火眼應將被監護人吳童交付原告外祖母羅莎監護。

吳火眼對於應交付吳童之一審判決提出上訴，於2003年2月26日遭臺灣高等法院高雄分院91年度家上字第127號民事判決上訴駁回。嗣後又對二審判決提出上訴，於2003年11月13日遭最高法院92年度臺上字第2446號裁定上訴駁回，三審定讞；吳火眼有鑑於判決結果可能不利，遂向臺灣高雄地方法院提起「聲請指定親屬會議會員」，意圖藉由親屬會議撤退外祖母羅莎之監護權，遂於2003年4月4日臺灣高等法院高雄分院92年家聲字第28號裁定依聲請指定親屬會議會員，但遭外祖母羅莎提出抗告，臺灣高等法院高雄分院92年家抗字第84號裁定原裁定廢棄、原聲請駁回。外祖母羅莎取得最終的勝訴判決確定為據聲請臺灣高雄地方法院92年度執字第58818號為強制吳火眼交付吳童，雖然因被告之阻饒而一再遲延甚至發生執行員警與被告親屬間之拉扯事件，最後於2004年2月11日終將吳童送回巴西外祖母羅莎之住所。試問：

㈠法定監護人之優先順序為何？

㈡「遺願」是否為我國《民法》上遺囑？

㈢可否以改定監護人及召開親屬會議辭退外祖母羅莎之監護人？

㈣有無挽回吳童監護權之可能？

 解析

㈠法定監護人之順序

　　民國 90 年中巴混血兒童吳憶樺監護權爭議，其關鍵點就是在我國《民法》第一千零九十四條第一項第三款規定，父母死亡而無遺囑指定監護人時，不與未成年同居之外祖母羅莎是唯一合法之監護人，叔叔吳火眼並非在法定監護權人之順位中。所以法院會先認定外祖母羅莎是第一順位之監護人。

㈡「遺願」非「遺囑」

　　雖然生父吳登樹的「遺願」是希望吳童留在臺灣，由叔叔全心照顧，但是這僅是社交上遺孤的付託，並非民法上遺囑之監護人之指定。

㈢改定監護人及召開親屬會議

　　我國現行監護制度採取監護人之撤退與改定雙軌並行制，最主要因素是現代社會小家庭之比例增多，根據我國《民法》第一千一百零六條規定召開親屬會議撤退監護人顯然並不容易，從而民國八十九年因應九二一大地震所修正之我國《民法》第一千零九十四條第一項，在於改變法定監護人之順序，取消第二款家長、第四款伯父叔父與第五款親屬會議選定之人擔任法定繼承人之資格，並在第二款增訂與未成年人同居之兄姊。

　1.改定監護人

　　雖然吳火眼試圖透過聲請改定監護人來取得監護權，但是我國《民法》

第一千零九十四條第二項規定，賦予法院有裁量空間，為未成年子女之最佳利益改定監護人。同條第三項規定，法院為應命主管機關或其他社會福利機構進行訪視，提出調查報告及建議。聲請人亦得提出相關資料或證據，供法院斟酌。

2.召開親屬會議辭退監護人

我國《民法》第一千零九十四條第四項規定，依第二項選定或改定監護人不適用第一千一百零六條之規定。即親屬會議不得決議辭退法院依我國《民法》第一千零九十四條第二項規定所選定或改定之監護人。外祖母羅莎依據我國《民法》第一千零九十四條第一項第三款規定具有監護資格與監護能力，故排除選定監護人之適用。

㈣遺囑指定監護人

如果後死之父吳登樹生前曾透過遺囑指定吳火眼為監護人時(我國《民法》第一千零九十三條)，其順位仍在不與未成年同居之祖父母之前，吳憶樺監護權就歸屬於吳火眼。至於吳登樹曾將監護權委託外祖母羅莎行使，僅屬於我國《民法》第一千零九十二條委託監護人之範圍，此等委託並非屬於以遺囑方式指定監護人，故無我國《民法》第一千零九十四條之適用。

第二節　遺囑之自由原則與內容

▶ 第一項　遺囑之自由 ◀

遺囑自由原則是當今世界各主要法系繼承立法的一項重要原則 ❸：

---

❸　陶希晉總編，前揭書《中國民法學‧財產繼承》，pp. 328–329。

一、遺囑自由原則存在的社會意義

㈠對人民個人財產所有權的徹底保護

遺囑自由是公民個人自由的組成部分，因為它不僅保護了財產所有人生前的權利，而且還延伸到他的死後。

㈡有利於養老育幼、發揮家庭職能的作用

立遺囑人不僅可以透過遺囑改變法定繼承人的範圍、順序和繼承份額，甚至可以取消法定繼承人的繼承權。有利於促使晚輩繼承人孝敬老人，共同承擔供養老人、養育子女、扶助幼小弟妹的義務，促進家庭成員內部的互相團結。

㈢有利於發展社會福利事業

遺囑人可以把財產遺贈給國家或集體組織，有的還可以把財產用作社會救濟，作為辦學校、托兒所、養老院的經費和各種獎金，有利於發展社會的科學文化和社會福利事業。

㈣有利於減少糾紛

在子女眾多、親生子女、繼子女和養子女並存，親生父母、繼父母或者妻妾共存的家庭中，此類糾紛顯得更加突出。因此，被繼承人為了避免自己死後發生繼承糾紛，影響家庭內部團結，透過遺囑的方式對自己的財產預先作出處分，有利於解決矛盾，能夠起到預防繼承糾紛發生的作用。

二、遺囑自由的限制

從世界整個繼承立法的總趨勢來看，由於遺囑自由的任意性很大，極容易導致社會財富分配上的不公平，因此，遺囑自由在任何國家都要受到

一定的限制，即使是曾經主張「遺囑絕對自由主義」的英國、英聯邦國家等，也趨向於通過立法手段直接作出某些限制性的規定，或者授予法官以更大的權利酌情變更遺囑，以保障死者的配偶、未成年子女的生活扶養費不被遺囑剝奪。

　　世界上許多國家的繼承立法表明，對遺囑自由的限制是多方面的，有給予死者的近親屬以「特留分」、「保留分」、「必繼分」、「強制份額」等，有為死者的配偶設置了「寡婦產」、「鰥夫產」、「強制份額」（生活扶養費）等制度，也有在法律中對遺囑自由規定了某些原則性的禁止條款，如不得違反「善良風俗」，不得違反「社會公共原則」，必須遵循「社會道德準則」，不得剝奪「無勞動能力又無生活來源的法定繼承人的必要的遺產份額」等等。儘管世界各國對於遺囑自由所採取的限制措施和具體作法有所不同，但有一點是共同的，即不論在任何地方，任何時候，只要遺囑的條款違反法律和社會公共道德，該遺囑就要被宣告無效。

實　例　▶▶▶

　　本文為一份由姓名為戴行妍在生前預立遺囑的實例，請解析遺囑自由原則存在的社會意義在此預立遺囑之實現❶。

一、聲　明

　　在我，戴行妍，仍然清醒的時候，我願意寫下這份生前遺囑，雖然我的人生並不一定獲得世人高舉，但我以生前認識主耶穌而滿足，願幫我處理後事的親人朋友們不必難過，因我們必要在天國再會，而這份預立遺囑將代表我處理後事的意願，決定我的未來。

二、做　法

　　若我的疾病情形已危急到生命問題，請絕對不要為我急救，請讓我安詳獨自的離去，因為我相信那時的我將會揮離人事痛苦，

❶　戴行妍，〈生前預囑〉，《校園》，2001 年 3、4 月號，p. 15。

邁向神的身邊，朋友們，請靜下來想想那時的我會是多麼的快樂。若我遺留了任何遺物，我的親人將有完全的權力替我作最佳的處理，但我希望現款能全數捐贈給花蓮基督教門諾醫院，作為籌措新醫療設備之用。請用最簡單的方式處理我的葬禮，別花太多錢，因為我覺得那不值得，唯一的要求是在追思禮拜上，請詩班為我獻上一曲〈古舊十架〉，並送我一支純白的玫瑰，那是我最喜愛的花朵。為了環保的理由，請將我的遺體火化，並用我的骨灰為我種一棵樟木(這是我最喜愛的樹)，在樹下種上一些柔軟的韓國草，像是覆蓋著我的身體，也得到我的滋養。請按時為這樹澆水，這是你們用來懷念我的唯一方式。

三、目 的

這些要求都是在我清醒且仔細考慮後寫下來的，也非常感謝你們願意照著如此行。願上帝祝福你們：願教會弟兄姊妹的服事更合一，願更多的靈魂在主裡蒙恩得救。

 解析

(一)對個人財產所有權的保護

根據預立遺囑內容，被繼承人遺留下任何財產，雖然可以在生前預立遺囑做規劃或在死後做處分，但是會有遺囑自由的限制。依據我國《民法》第一千一百四十八條規定，繼承人自繼承開始時承受被繼承人財產上之一切權利與義務。若有違反遺囑自由原則之限制，依據我國《民法》第一千二百二十五條規定，應得特留分之人，如因被繼承人所為之遺贈，即將現款全數捐給門諾醫院，至其應得之數不足者，得按其不足之數由遺贈財產扣減之。即應給予死者的法定繼承人以「特留分」、「保留分」、「必繼分」或「強制份額」。

㈡有利於社會福利事業的發展

被繼承人遺產中之現款全數捐贈給花蓮基督教門諾醫院，作為籌措新醫療設備之用。即以「遺贈方式」捐贈給財團法人花蓮基督教門諾醫院，依據我國《遺產及贈與稅法》第十六條第三款規定，遺贈人捐贈於被繼承人死亡時,已依法登記設立為財團法人組織且符合行政院規定標準之公益、慈善團體，不計入遺產總額。一方面完成被繼承人生前之遺願，另一方面有助於社會福利事業的發展。

㈢有利於減少糾紛

被繼承人透過遺囑的方式對自己在病危時的急救與否、葬禮方式及財產預先作出處分，有利於解決法定繼承人在處理身後事的方式及遺產的分配方法之矛盾。

第二項　遺囑之內容

遺囑之內容，是否僅限於法律所明定之事項？抑或一切法律行為，只要不違反強行規定或公序良俗者，均得以遺囑為之？有謂：遺囑為屬於法律特定之行為，並非一切行為皆可以遺囑出之；有謂：舉凡生前所能為之法律行為，皆不妨以遺囑為之，惟遺囑既為法律行為，自不能違反強行規定或公序良俗。後說為我國之通說⓯。實務上亦認遺囑之內容，不以法律所明定者為限（例如我國最高法院 18 年上字 2715 號，22 年上字 1250 號、司法院 35 年院解字 3120 號）⓰。依我國《民法》及特別法之明文規定，得為遺囑之內容者，再分為僅得以遺囑為之者，及亦得以生前行為為之者⓱：

⓯ 羅鼎，戴炎輝，陳棋炎，史尚寬等人均主張。

⓰ 陳棋炎，黃宗樂，郭振恭合著，前揭書《民法繼承新論》，p. 295。

⓱ 戴炎輝，戴東雄合著，前揭書《中國繼承法》，p. 239。

㈠僅得以遺囑為之者

1. 監護人之指定。(我國《民法》第一千零九十三條、第一千一百十一條第一項第五款)

2. 遺產分割方法之指定或其指定之委託。(我國《民法》第一千一百六十五條第一項)

3. 遺產分割之禁止。(我國《民法》第一千一百六十五條第二項)

4. 遺囑之撤回。(我國《民法》第一千二百十九條)

5. 遺囑執行人之指定或其指定之委託。(我國《民法》第一千二百零九條)

㈡得以生前行為為之者

1. 捐助行為。(我國《民法》第六十條)

2. 贈與。(遺贈，我國《民法》第一千二百條以下)

3. 非婚生子女之認領。(我國《戶籍法》第四十一條後段)

㈢特留分規定

1. 特留分之決定。(我國《民法》第一千二百二十三條)

2. 特留分之算定。(我國《民法》第一千二百二十四條)

3. 遺贈之扣減。(我國《民法》第一千二百二十五條)

被繼承人之遺贈，在不違反特留分規定之範圍內，繼承人不得拒絕履行，誠以被繼承人處分自己之財產，不許繼承人擅為干預，贈與雖為生前行為，但如被繼承人至死亡時，仍無撤銷或拒絕履行之表示，依同一理由，繼承人不得拒絕履行。(51 年臺上字第 1416 號)

被繼承人生前所為之贈與行為，與民法第一千一百八十七條所定之遺囑處分財產行為有別，即可不受關於特留分規定之限制。(48 年臺上字第 371 號)

實例 ▶▶▶

　　被繼承人甲榮民生前住在臺北市，於民國 80 年 9 月 30 日返回大陸探親時，在福建省福清市沙埔鎮因病死亡，甲在臨終前自書遺囑，希望將在臺遺有坐落臺北市土地一筆與房屋一棟，總計價值新臺幣一千萬元，全數由唯一之被繼承人之母親乙繼承，該遺囑、親屬關係及委託公證書均經福建省福清市公證處公證並由財團法人海峽交流基金會辦理文書驗證。試問：

(一)依據遺囑自由原則繼承人乙是否能完全繼承甲之在臺所有不動產？

(二)若乙無法繼承甲在臺之不動產時，有無補救之方法？

(三)若遺產繼承限額少於特留分時，應如何處理？

解析

(一)大陸地區人民不得在臺灣地區取得不動產物權之限制已經放寬

　　依據舊《兩岸人民關係條例》第六十九條規定：「大陸地區人民不得在臺灣地區取得或設定不動產物權，亦不得承租土地法第十七條所列各款之土地。」大陸地區繼承人乙不得繼承甲在臺灣地區之不動產所有權。但於民國 91 年 7 月 1 日以後，新修正《兩岸人民關係條例》第六十九條第一項規定：「大陸地區人民、法人、團體或其他機構，或其於第三地區投資之公司，非經主管機關許可，不得在臺灣地區取得、設定或移轉不動產物權。但土地法第十七條第一項所列各款土地，不得取得、設定負擔或承租。」

㈡以不動產為遺產標的者，應將大陸地區繼承人之繼承權利折算為價額

依據《兩岸人民關係條例》第六十七條第四項規定：「第一項遺產中，有以不動產為標的者，應將大陸地區繼承人之繼承權利折算為價額。但其為臺灣地區繼承人賴以居住之不動產者，大陸地區繼承人不得繼承之，於定大陸地區繼承人應得部分時，其價額不計入遺產總額。」

㈢遺產繼承限額大陸繼承人每人不得逾新臺幣二百萬元，超過部分歸屬國庫

依據《兩岸人民關係條例》第六十七條：「被繼承人在臺灣地區之遺產，由大陸地區人民依法繼承者，其所得財產總額，每人不得逾新臺幣二百萬元。超過部分，歸屬臺灣地區同為繼承之人；臺灣地區無同為繼承之人者，歸屬臺灣地區後順序之繼承人，臺灣地區無繼承人者，歸屬國庫。」

依據《兩岸人民關係條例》第六十七條之一規定：「前條第一項之遺產事件，其繼承人全部為大陸地區人民者，除應適用第六十八條之情形者外，由繼承人、利害關係人或檢察官聲請法院指定財政部國有財產局為遺產管理人，管理其遺產。」

本文被繼承人甲在臺北市土地一筆與房屋一棟，總計價值新臺幣一千萬元，必須由財政部國有財產局為遺產管理人折算價額後，繼承人乙只能繼承新臺幣二百萬元，依據我國《民法》第一千一百四十四條第四款與第一千二百二十三條第三款規定繼承人乙至少保留有特留分新臺幣五百萬元之繼承權利，但是依據《兩岸人民關係條例》第四十二條第一項規定：「臺灣地區人民與大陸地區人民間之民事事件，除本條例另有規定外，適用臺灣地區之法律。」故兩岸人民之民事事件優先適用《兩岸人民關係條例》，超過二百萬部分，總計新臺幣八百萬元歸屬國庫。

第三項　世界各國遺囑自由之比較與我國修法之建議

　　遺囑自由原則是財產繼承制度中的一項重要原則，但在對待這項原則方面，世界各國歷來存在著兩種主張，一種主張偏重於強調保護遺囑人的自由意志，使之享有自由處分自己財產的絕對權利，該主張又稱遺囑自由主義，或稱絕對遺囑自由主義；另一種主張認為，財產所有人以遺囑的方式處理財產，應當符合公平原則，不得違反法律有關特定的法定繼承人保留必要的遺產份額的規定。這種主張稱為相對的遺囑自由主義，或有限制的遺囑自由主義[18]。

　　我國採取限制的遺囑自由主義，依據《民法》第一千一百八十七條規定：「遺囑人於不違反關於特留分規定之範圍內，得以遺囑自由處分遺產。」符合世界各國有關遺囑自由之限制規定。差別在於各國對於特留分所保留之比例不一致。在我國過去傳統農業社會，有多子多孫多福氣的觀念，故每當被繼承人往生後遺留龐大的遺產時，不論有無立下遺囑，經常演變成子女與母親互控爭產與反目成仇的事件層出不窮，最主要的原因是子女與鰥夫或寡婦同屬平等繼承之地位，子女為自身利益分得遺產後而棄鰥夫或寡婦於不顧，導致鰥夫或寡婦晚年淒涼之社會事件一再發生，很多鰥夫或寡婦都不知道，可以依據我國《民法》第一千零三十條之一第一項規定：「法定財產制關係消滅時，夫或妻現存之婚後財產，扣除婚姻關係存續中所負債後，如有剩餘，其雙方剩餘財產之差額，應平均分配。依前項規定，平均分配顯失公平者，法院得調整或免除其分配額。」此乃貫徹《憲法》第七條男女平等之原則，例如夫在外工作，或經營企業，妻在家操持家務、教養子女，備極辛勞，使夫得無後顧之憂，專心發展事業，其因此所增加之財產，不得不歸功於妻子之協力，則其剩餘財產，除因繼承或其他無償取得者外，妻自應有平均分配之權利，反之夫妻易地而處，亦然。惟夫妻一方有不務正業，或浪費成習等情事，於財產之增加並無貢獻者，自不能

[18]　侯放著，前揭書《繼承法比較研究》，p. 93。

使之坐享其成，獲得非分之利益。此際如平均分配，顯失公平，應由法院酌減其分配額或不予分配。

換言之，生存的配偶可向法院提出主張法定財產制關係消滅時剩餘財產分配請求權訴訟，先平均分配雙方剩餘財產之差額來保障鰥夫或寡婦的晚年生活，剩下剩餘財產再考量子女與生存配偶之繼承權益。此項立法目的雖佳，但是法律卻不保障權利的睡眠者，此項剩餘財產分配請求權，依據我國《民法》第一千零三十條之一第四項規定：「自請求人知有此剩餘財產之差額時起，二年間不行使而消滅。自法定財產制關係消滅時起，逾五年者，亦同。」此法定財產制關係消滅時之剩餘財產分配請求權，宜從速確定，以免影響家庭經濟及社會交易之安全，爰設請求權之消滅時效期間為兩年，若夫妻之一方就剩餘財產有所隱匿，而他方「知悉」後已離二年時效者，雙方權益顯失均衡，乃增列規定，延長其時效期間為五年，並以法定財產制關係消滅時之確定點起算，俾夫妻剩餘財產之分配狀態能早日確定。

其實許多鰥夫或寡婦經常超過除斥期間或是根本不知道可以行使此項權利，筆者建議直接刪除我國《民法》第一千零三十條之一第四項除斥規定，並參考《美國統一繼承法》，都賦予被繼承人的配偶享有宅園特留分、豁免財產、家庭特留分的權利，及在特留分分額和順序上，配偶優先於子女。並修改我國《民法》第一千一百八十七條規定：「遺囑人有配偶時應先扣除法定財產制關係消滅時剩餘財產分配請求後，於不違反關於特留分規定之範圍內，得以遺囑自由處分遺產。」以保障鰥夫或寡婦在婚姻關係期間對雙方所作出的貢獻。

表三　世界各國遺囑自由之比較

國家 ＼ 遺囑	相對遺囑自由主義
英國及英聯邦國家	1. 在英國及英聯邦國家，20 世紀以後，遺囑自由已趨於完備，遺囑人可以不必像大陸法系國家那樣，受「保留分」或「特留分」的限制。但在蘇格蘭，女兒的應繼分仍然得到保留，生存的配偶仍然可以得到「寡婦應繼分」或主張「生存者的權利」。

	2.在新西蘭，1900年通過了一項法律，授權法院在遺囑人不照顧他的配偶或生存困難的子女的情況下，可以下令從遺囑中支付一定數量的扶養費，這是保障家庭成員不因遺囑自由而被剝奪繼承權的一項新的立法。此後，澳大利亞、加拿大和英國本土也通過了類似的家庭成員的扶養法條例。根據英國1938年《家庭供養條例》和1952年修正該條例的《無遺囑繼承條例》，法院可以違反遺囑人的意願，甚至可以不依遺囑繼承的一般法規，根據申請人的要求，判決從遺產收益中，甚至從本金中支付扶養費給予生存的配偶、未婚子女、未成年子女以及因身體或精神上的疾病，不能養活自己的子女。在1958年的《婚姻訴訟（財產和扶養）條例》中，此項原則被擴展到被繼承人生前已離婚的配偶。英國《繼承法》在20世紀內已經從絕對的遺囑自由原則轉變為相對的遺囑自由原則。
美國	夫妻的任何一方均可以在對方的不動產中享有應得的一份產業，一般為死者不動產的三分之一；也有為死者不動產的二分之一，如新澤西州、堪薩斯州；還有個別州的鰥夫產為享有對妻子全部不動產的終身財產權，如阿拉巴馬州。配偶所享有的這項權利是不能剝奪的。另外，美國的特留分制度也發揮了限制遺囑自由的作用，在有些州，生存配偶除了享有死者遺產的二分之一或三分之一的鰥夫產或寡婦產以外，還可以取得其他遺產利益，如宅園特留分、家庭特留分、豁免財產等，這些權利是被繼承人不能用遺囑予以剝奪的。
法國	法國《民法典》規定遺囑人不得剝奪法定繼承人的繼承權。被繼承人的遺產可以分為兩部分，一部分是可以自由處分的；另一部分是不能自由處分的，這部分財產在法律上稱之為「特留分」。在法國體制的國家，遺囑自由受到了「特留分」的嚴格限制，違背特留分規定的遺囑是無效的，但在法國，配偶不得享有「特留分」。
德國	德國體制的國家，「保留分」是為繼承人保留其法定繼承財產價額的半數；可以有「保留分」的是直系卑親屬、父母和配偶；「保留分」不是遺產的半數，而是遺產價額的半數。
日本	日本《民法典》關於享有「特留分」的人包括直系卑親屬、父母和配偶。日本《民法典》第一千零二十八條規定的特留分額：只有直系卑親屬為繼承人時，或者只有直系卑親屬和配偶是繼承人時，其特留分為被繼承人遺產的二分之一；在其他場合為被繼承人遺產的三分之一。
前蘇聯	遺囑人不得剝奪十八歲以下的未成年人和無勞動能力的法定繼承人以及依靠被繼承人生活的人的應繼份額。按照前蘇聯《民法典》第五百三十五條的規定，得於被繼承人的未成年子女或無勞動能力的子女（養子女）以及無勞動能力的配偶、父母（養父母）和依靠死者生活的人，不論遺囑的內容如何，都可以繼承不少於

	依法定繼承時他們每個各自應繼份額的三分之二。
捷克斯洛伐克	捷克斯洛伐克《民法典》第四百七十九條規定，未成年的卑親屬應當得到不少於他們的法定應繼分，成年的下輩親屬應得到不少於他們的法定應繼份的四分之三，遺囑與此相牴觸的，這部分遺囑無效。
香港地區	香港 1995 年 11 月 3 日由 1995 年第 496 號法律公告《財產繼承（供養遺屬及受養人）條例》，該條例第三條申請從死者遺產中提供經濟給養；第四條法院作出命令的權力；第五條法院行使第四條下的權力時須顧及的事宜。法院可以作出命令限制遺囑人自由處分財產，並為具有一定身分之申請人提供合理經濟給養。
澳門地區	澳門地區在澳門遺囑繼承係指根據被繼承人明確表達的意願產生的繼承。法律允許被繼承人通過遺囑處分自己的財產。如果被繼承人所立遺囑妨礙特留分繼承人的強制性遺產份額，則應按此比例減少遺囑處置部分，以便使特留分繼承人應得的份額不受損害。
大陸地區	大陸《繼承法》第十九條規定保留必要遺產份額。

資料來源：參考陶希晉總編，《中國民法學・財產繼承》，中國人民公安大學出版社，1990 年 6 月第一版，pp. 330-335。

第三節　遺囑之能力

▶ **第一項　遺囑能力** ◀

　　遺囑能力是指被繼承人生前在法律上享有的訂立遺囑、自由處分自己財產的資格[19]。遺囑制度之設，不僅在使個人得自由處分其私有財產，且在於尊重死者之遺志。故遺囑自須由遺囑人本人自行，不許他人代理，又不許以他人之意思補充遺囑之意思[20]。至遺囑能力，《民法》因絕對尊重遺囑人之意思，且因遺囑對遺囑人已無任何損害，故對已有相當識別能力之人，即准許其為遺囑[21]。

---

[19]　陶希晉總編，前揭書《中國民法學・財產繼承》，p. 341。

[20]　陳棋炎，黃宗樂，郭振恭合著，前揭書《民法繼承新論》，p. 302。

　　根據我國《民法》的規定，自然人的遺囑能力與行為能力不完全一致，有遺囑能力的人不一定具有完全行為能力；限制行為能力的人，其遺囑能力並不一定受到限制。但是，只有具備遺囑能力的人所立的遺囑，方能有效；不具備遺囑能力的人所立的遺囑，當然無效❷。依據我國《民法》第一千一百八十六條規定：「無行為能力人，不得為遺囑。限制行為能力人，無須經法定代理人之允許，得為遺囑。但未滿十六歲者，不得為遺囑」。

一、有遺囑能力人

　　凡滿十六歲以上之自然人，而未經禁治產宣告者為有遺囑能力人。茲分析如下❷：

㈠已滿十六歲而未受禁治產宣告之人，即有完全之遺囑能力，縱係為未滿二十歲之限制行為能力人，亦得單獨為遺囑（我國《民法》第一千一百八十六條第二項）。《民法總則編》關於行為能力之規定，對於遺囑能力無適用之餘地。

㈡雖滿十六歲，並未受禁治產之宣告，然係在無意識或精神錯亂中所為之遺囑，通說主張應適用我國《民法》第七十五條後段之規定，解釋為無效❷。惟須進一步言者，我國《民法典》雖未若多數外國立法例（法國《民法典》第九百零一條，義大利《民法典》第五百九十一條第二項第三款，德國《民法典》第二千二百二十九條第四項、瑞士《民法典》第四百六十七條）設有遺囑人須有健全意識能力旨趣之規定，然如無「能理解自己所為意思表示之意義」之意思能力者，自宜解為無遺囑能力。

---

❷　戴炎輝，戴東雄合著，前揭書《中國繼承法》, p. 240。

❷　胡大展主編，《臺灣民法研究》，廈門大學出版社，1993 年 7 月第一版，pp. 516–517。

❷　陳棋炎，黃宗樂，郭振恭合著，前揭書《民法繼承新論》, pp. 302–303。

❷　陳棋炎，戴炎輝，戴東雄，史尚寬等均主張。

二、無遺囑能力人

㈠無行為能力人不得為遺囑（我國《民法》第一千一百八十六條第一項）。無行為能力人，即 1. 未滿七歲之人（我國《民法》第十三條第一項）及 2. 受禁治產宣告之人（我國《民法》第十四、十五條）。

㈡未滿十六歲之限制行為能力人，亦不得為遺囑（我國《民法》第一千一百八十六條第二項但書），縱得法定代理人之同意或承認，其所為之遺囑仍為無效。

㈢禁治產人於回復正常狀態時，是否得為遺囑？我國《民法》未設明文，外國立法例為避免舉證困難，多明定禁治產人不得為遺囑（法國《民法典》第五百零四條第一項，義大利《民法典》第五百九十一條第二款，德國《民法典》第二千二百二十九條第三項），但亦有認經醫師一人（韓國《民法典》第一千零六十三條）或二人以上（日本《民法典》第九百六十三條）在場證明得為遺囑者。在我國《民法》解釋上，禁治產人無行為能力（我國《民法》第十五條），絕對不得為遺囑，縱令回復常態，亦不得為之，通說採行 **❷⑤**。當然，在立法論上，對於精神回復常態而有識別能力之禁治產人，應否許其自為遺囑，非無研究之餘地 **❷⑥**。

㈣無遺囑能力人所為遺囑無效 **❷⑦**。

三、決定遺囑能力之時期

㈠遺產成立之時與其效力發生之時有一段距離，從而遺囑能力之有無，究應以遺囑人為遺囑時為準？抑應以遺囑發生效力時為準？立法例上有明文規定以遺囑時為準者（例如，日本《民法典》第九百六十三條，瑞士《民法典》第四百六十七條、第五百十九條，奧地利《民法典》

---

❷⑤　陳棋炎，戴炎輝，戴東雄，史尚寬等均主張。

❷⑥　羅鼎著，前揭書《民法繼承》，p. 172。

❷⑦　胡長清，陳棋炎，戴炎輝，史尚寬等均主張。

第五百七十五條），我國《民法》雖無明文規定，解釋上亦應以遺囑作成之時為準，定其遺囑能力之有無，蓋在遺囑發生效力以前，遺囑人得隨時撤回或變更其遺囑故也❷❽。

㈡有遺囑能力人作成遺囑後，縱令喪失遺囑能力，其所為遺囑之效力仍不受任何影響，但可否撤回或變更遺囑，則不無疑問，為保護遺囑人，宜為否定之解釋。

㈢無遺囑能力人作成遺囑後，縱令取得遺囑能力，其所為之遺囑仍屬無效，亦不因事後承認而成為有效❷❾。然如於取得遺囑能力以後，變更其遺囑者，則可認為重新為遺囑，其遺囑應為有效❸⓪。

實 例 ▶▶▶

　　父親甲因疼愛年僅十五歲之女兒乙，將價值新臺幣五千萬的豪宅過戶給她，作為與年滿十八歲之丙結婚之賀禮，乙認為依據我國《民法》第十三條第三項規定未成年人已經結婚者，有行為能力。所以在十五歲時訂立自書遺囑內容中陳述，如果在爾後遭遇不幸身故時，願意將豪宅遺贈給家扶中心，幫助家暴或受虐兒童。試問：

㈠此份遺囑是否生效？

㈡若乙在年滿十六歲時在遺囑上更改遺贈對象為創世基金會，簽名並註記年月日，乙在年滿十七歲時又在遺囑上更改遺贈對象為慈濟功德會，未料乙在年滿十八歲時因車禍而受禁治產宣告，請問此份遺囑是否依然有效？遺贈對象為何？

---

❷❽　胡長清，陳棋炎，戴炎輝，史尚寬等均主張。

❷❾　胡長清，羅鼎，戴炎輝，史尚寬等均主張。

❸⓪　陳棋炎，戴炎輝，史尚寬等均主張。

解析

（一）乙之遺囑無效

　　遺囑是由遺囑人依據法定方式所為之無相對人之單獨行為。依據我國《民法》第一千一百八十六條第二項規定：「限制行為能力人，無須經法定代理人之允許，得為遺囑。但未滿十六歲者，不得為遺囑。」所以凡是年滿十六歲以上之人不論是否已經結婚或是成年，亦不需要任何第三人之同意，均得單獨訂立有效之遺囑。因本例乙僅十五歲，違反遺囑能力須十六歲之限制，其所為之遺囑不生法律上之效力。

（二）乙之遺囑有效，遺贈對象為慈濟功德會

　1.決定遺囑能力之時期應以立遺囑時為準

　　在年滿十八歲時因車禍而受禁治產宣告，其遺囑是否會受影響？關於決定遺囑能力之時期，我國《民法》並無明文規定，惟判斷一般之法律行為之行為能力之有無，係以行為人行為時有無行為能力為基準，同理，於立遺囑之場合，亦應以作成遺囑時有無遺囑能力為準。亦即有遺囑能力時立遺囑，雖其後受禁治產宣告，但其遺囑之效力不受影響，反之，於無遺囑能力時作成遺囑，縱令其後其禁治產宣告被撤銷，但其所為之遺囑仍屬無效❸❶。故本例乙在年滿十六歲時所立遺囑已經有效，不因其後受禁治產宣告而影響遺囑之效力。

　2.前後遺囑有相牴觸之部分，前遺囑視為撤回

　　乙在十五歲時所立之遺囑雖然無效，但是在年滿十六歲時在遺囑上簽名並註記年月日之遺囑已經生效，在年滿十七歲時又在遺囑上將遺贈對象由創世基金會更改為慈濟功德會，並在遺囑上簽名及註記年月日。依據我國《民法》第一千二百二十條規定：「前後遺囑有相牴觸之部分，前遺囑視

---

❸❶　林秀雄，〈民法繼承編：第九講遺囑總論〉，《月旦法學教室》，第 22 期，2004 年
　　8 月，pp. 51–52。

為撤回。」故乙之遺贈對象為慈濟功德會。

▶ 第二項　世界各國遺囑能力之比較與我國修法之建議 ◀

關於被繼承人立遺囑的能力和行為能力是否一致的問題，對此，世界各國的繼承立法有兩種情形[32]：

第一種情形是，遺囑能力與行為能力不一致。有遺囑能力的公民不一定有完全的行為能力；行為能力受到限制的公民不一定沒有遺囑能力。採取此種立法的國家有：法國、德國、日本、匈牙利、羅馬尼亞、比利時、土耳其、西班牙、奧地利等。

第二種情形是，遺囑能力與行為能力相一致。凡是在民事立法中，沒有對繼承人的遺囑能力作出不同於《民法總則》中關於行為能力規定的，一般均適用於《民法總則》中關於行為能力的規定。也就是說，只有具有行為能力的人才有遺囑能力，行為能力受限制的人沒有遺囑能力。採取此種作法的國家有：瑞士、捷克斯洛伐克、英國、美國、加拿大等。

表四　世界各國的遺囑能力之年齡比較

國家	年齡
英國	年滿二十一歲
瑞士	年滿十八歲
美國	年滿十八歲
加拿大	年滿十八歲
南韓	年滿十七歲
德國	年滿十六歲
南斯拉夫	年滿十六歲
法國	年滿十六歲
比利時	年滿十六歲
匈牙利	年滿十六歲
羅馬尼亞	年滿十六歲
日本	年滿十五歲

[32]　陶希晉總編，前揭書《中國民法學・財產繼承》，pp. 344–345。

土耳其	年滿十五歲
斯洛維尼亞共和國	年滿十五歲
黑山共和國	年滿十五歲
奧地利	年滿十四歲
西班牙	年滿十四歲

　　臺灣、香港、澳門與大陸對於遺囑能力之規定不盡相符，尤其是對於未成年或年滿十六歲之限制行為能力人是否有遺囑能力之規定並不一致，以下就兩岸四地之遺囑能力的規定及將來修法之建議分別論述之。

一、限制行為能力人的遺囑能力規定不同

(一)臺灣方面

　　凡年滿十六歲，而未經禁治產宣告者為有遺囑能力人。

(二)香港方面

　　原則上立遺囑人須年滿十八歲，例外是已婚者、實際服役於海軍、陸軍或空軍的人員及海上的船員或海員即使未屆成年，均可訂立有效的遺囑。

(三)澳門方面

　　原則上立遺囑人必須是年滿十八歲，例外是未成年人結婚，親權即予解除，均可訂立有效的遺囑。

(四)大陸方面

　　凡年滿十八周歲的成年人和年滿十六周歲以上而且以自己的勞動收入作為主要生活來源的未成年人，均具有遺囑能力。

表五　臺灣、香港、澳門與大陸地區的遺囑能力年齡之比較

地　區	年　　齡
臺灣	年滿十六歲
香港	年滿十八歲
澳門	年滿十八歲
大陸	年滿十八周歲的成年人和年滿十六周歲以上，且以自己的勞動收入作為主要生活來源的未成年人

二、無遺囑能力人範圍未盡相符

㈠臺灣方面

所謂無遺囑能力人即為無行為能力人（未滿七歲之人及受禁治產宣告之人）與未滿十六之限制行為能力人。至於禁治產人回復正常狀態時，通說認為亦無遺囑能力。須依我國《民事訴訟法》第六百十九條規定：「依民法規定得聲請禁治產之人，於禁治產之原因消滅後，得聲請撤銷禁治產。」當撤銷禁治產之裁定於確定後，原禁治產之宣告，對於將來失其效力，禁治產人嗣後即成為有行為能力人❸。

㈡香港方面

未滿十八歲且尚未婚者或未實際服役於海軍、陸軍或空軍的人員及海上的船員或海員之未成年人。

㈢澳門方面

未滿十八歲且尚未婚者或被宣告為禁治產人或準禁治產人。

㈣大陸方面

---

❸　王甲乙，楊建華，鄭建才著，《民事訴訟法新論》，三民書局，1991 年 10 月初版，p. 721。

　　大陸方面認為，完全無行為能力人（不滿十周歲之未成年人）與十周歲以上且未滿十八周歲之限制行為能力人，但十六周歲以上且以自己勞動收入為主要生活來源者除外。至於精神病人不具有完全民事能力，凡不能辨別自己行為的精神病人，無論其是否成年均為無行為能力。不能完全辨別自己行為的精神病人是限制民事行為能力人，但因遺囑是一種較為重大的、要式法律行為，屬於限制行為能力的精神病患者無遺囑能力❸❹。與現代各國的禁治產宣告制度相類似，大陸《民法通則》中設有精神病人行為能力宣告制度。根據有關民事法律和司法解釋，這一制度僅適用於對精神病人（含痴呆症人）的無行為能力，限制行為能力或恢復行為能力之宣告，該行為能力宣告申請只能由精神病人的利害關係人向法院提出（《民法通則》第十九條第一款），當被宣告的無行為能力人或限制行為能力人恢復行為能力時，經撤銷人申請，法院可撤銷原宣告或作出變更宣告❸❺。即可恢復為有行為能力人。

三、決定遺囑能力的時期相同

　　臺灣、香港、澳門與大陸對於決定遺囑能力的時期，僅有澳門《民法典》第二千零二十八條有規定，其他在立法上均未明確規定，但在司法解釋上均以設立遺囑之時為準。故有遺囑能力人作成遺囑後，縱令喪失遺囑能力，亦不影響遺囑的效力。反之，設立遺囑時，遺囑人無行為能力，即使後來有了行為能力，仍屬無效之遺囑。故建議我國《民法》第一千一百八十六條增訂第三項規定：「遺囑人是否具有立遺囑之能力，以立遺囑之日為準。」

　　事實上滿十六歲之未成年人相當於高中生年紀，思慮尚嫌不足，若先前繼承父母之龐大遺產，難保不受有心人的窺視，若貿然訂立遺囑將全部遺產贈與他人，可能會造成謀財害命之社會事件層出不窮，因此筆者建議

---

❸❹　劉春茂主編，前揭書《中國民法學・財產繼承》，p. 343。

❸❺　董安生，田士誠合著，《大陸六法精要①民法》，月旦出版社，1994 年 12 月初版，p. 27。

我國《民法》可參考法國與比利時《民法》增訂第一千一百八十六條第三項規定：「未成年人年滿十六歲但未解除親權時，僅得以遺囑處分財產，且其可以處分財產數量僅限於法律允許成年人以遺囑處分的財產的一半。」

第四節　遺囑之方式

　　遺囑的形式是指遺囑人表述自己意願處分自己遺產的形式。由於遺囑具有改變法定繼承人的範圍，繼承順序和遺產份額以及設立遺贈，遺托的效力，對繼承權的實際取得與喪失具有重大影響。因此法律要求遺囑形式必須符合法律規定❸❻。

　　我國《民法》就遺囑之方式，亦分為普通方式與特別方式。前者更分為自書遺囑、公證遺囑、密封遺囑、代筆遺囑四種，此等遺囑為永久性質之遺囑。特別方式，舊法僅有口授遺囑，新法於口授遺囑中增加錄音遺囑，錄音遺囑係仿自韓國《民法典》第一千零六十七條之立法例，但韓國《民法典》以錄音遺囑為普通方式之遺囑（參見韓國《民法典》第一千零六十五條、第一千零六十七條、第一千零七十條），與我國《民法》不同❸❼。我國《民法》增設錄音遺囑之理由：「錄音」已為現代生活中常用之記錄方法，口授遺囑使用錄音予以記錄，最為便捷，此在遺囑人臨危之際，尤屬有此必要。爰將第一千一百九十五條，予以修正，分列兩款，第一款係就舊法本條第二項所定口授遺囑人指定二人以上之見證人，口述遺囑意旨，遺囑人之姓名及年、月、日，並由見證人中之一人，口述遺囑之為真正及其姓名，全部予以錄音，將錄音帶當場密封，並記明年、月、日與其他見證人在封縫處同行簽名。以應實際需要❸❽。此等遺囑係緊急臨時性質之遺囑❸❾。

---

❸❻　侯放著，前揭書《繼承法比較研究》，p. 81。

❸❼　陳棋炎，黃宗樂，郭振恭合著，前揭書《民法繼承新論》，p. 306。

❸❽　司法院第一廳主編，《民法親屬繼承編及其施行法修正條文暨說明》，司法院秘書處，1985 年 6 月出版，p. 235。

❸❾　陳棋炎，黃宗樂，郭振恭合著，前揭書《民法繼承新論》，p. 306。

▶ 第一項　自書遺囑 ◀

一、自書遺囑之沿革

　　自書遺囑 (testamentum holographum, testament hologra-phe, eigenhandiges Testament, holographic testament) 為遺囑人親筆自書之遺囑，肇始於中世紀法國北部固有之習慣，但當時仍以見證人之在場為必要，至 18 世紀始具備近代的自書遺囑之形式。成文法所承認者，以法國《民法典》第九百七十條、奧地利《民法典》第五百七十八條為嚆矢。德國《民法典》制定時，基爾克 (Gierke) 以德國固有法無此制度而加以排斥；門格 (Menger) 則自無產者之立場極力擁護此方式，遂為德國《民法》第二千二百四十七條所採用，並為瑞士《民法典》第五百零五條所繼受。日本《民法典》第九百六十八條，韓國《民法典》第一千零六十六條，皆承認自書遺囑，我國《民法》第一千一百九十條亦然❹。

二、自書遺囑之方式

　　依我國《民法》第一千一百九十條前段規定：「自書遺囑者，應自書遺囑全文，說明年、月、日，並親自簽名。」此為自書遺囑之方式，必須具備如下條件❹：

㈠遺囑人必須自書遺囑全文

　　至於使用何種語言文字，何種書寫工具和紙張，則在所不問。但是，遺囑人僅自書遺囑部分內容，其餘由他人記錄、或者以打字機或排版鉛印製作的遺囑則是無效。

---

❹　陳棋炎，黃宗樂，郭振恭合著，前揭書《民法繼承新論》，p. 312。
❹　胡大展主編，《臺灣民法研究》，廈門大學出版社，1993 年 7 月第一版，pp. 518–519。

㈡遺囑人必須記明年、月、日

記明年、月、日是判斷遺囑人作成遺囑時有無遺囑能力的依據。如有二個以上的遺囑，遺囑所記載的年、月、日還是判斷哪個是最後遺囑的依據（前後兩個遺囑內容相牴觸，日期在後的遺囑使日期在前的遺囑無效）。同時，遺囑完成後追加新遺囑時，亦應記載追加新遺囑的日期，否則其追加新遺囑部分為無效。

㈢遺囑人必須親自簽名

須親自簽名者，以便知其係出於遺囑人真意，可供對筆跡之用。因此，苟依其記載，能表示遺囑人為何人，均應認為遺囑為有效❷。

三、增減及塗改

我國《民法》第一千一百九十條後段規定：「如有增減、塗改，應註明增減、塗改之處所及字數，另行簽名。」遺囑如有增減塗改，遺囑人應當註明增減塗改的處所及字數，並另行簽名，這才能確定遺囑人為何人，遺囑內容或增減塗改是否遺囑人真實意思表示。如果遺囑人未依法定方式對遺囑進行增減塗改，其遺囑視為無變更❸。

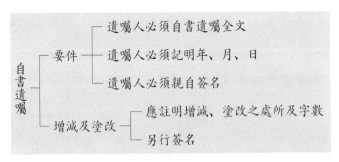

圖一　自書遺囑之要件

---

❷　陳棋炎，黃宗樂，郭振恭合著，前揭書《民法繼承新論》，p. 316。

❸　胡大展主編，前揭書《臺灣民法研究》，pp. 518–519。

四、自書遺囑認證

　　立遺囑人親自攜帶身分證件到場，以認證請求書書面請求，並提出自書遺囑請求公證人認證遺囑為本人親自書寫且簽名蓋章為真正（參見我國《公證法》第二條第一項、第三條、第七十三條及第一百零一條第一項規定），程序上請求人之請求並無欠缺。就實體上而言，立遺囑人請求認證自書遺囑，既非違反法令亦非無效之法律行為（我國《公證法》第七十條及第一百零七條準用），公證人實體上亦無拒絕之理❹❹。公證人辦理遺囑認證，應向遺囑人說明《民法》關於特留分之規定；遺囑人為外國人或我國僑民，依形式審查應為繼承人為我國人者，亦同。公證人應於認證書記載前項說明及當事人就此所為之表示，必要時並得註明：於繼承開始時，其遺囑內容如有違反特留分之規定者，相關繼承人得依法扣減之。（《公證法》施行細則第七十一條第一、二項）

五、如何辦理自書遺囑認證

　　遺囑是遺囑人身後的交代，如果自己會寫字，以自書遺囑請求認證，最為簡便，自書遺囑經認證，可避免日後發生遺囑真假之爭議，聲請手續如下❹❺：

㈠遺囑人依《民法》第一千一百九十條規定之方式作成自書遺囑，可以複寫但不可用打字或影印，須多備二份，一份公證處存卷，一份送全國公證人公會聯合會。

㈡遺囑人應攜帶國民身分證、印章及下列文件到場辦理：

1.財產證明文件，如建物權狀、土地權狀、建物登記謄本、土地登記謄本、存摺或存單等。

2.財產價值證明文件，如房屋稅單、地價證明等。

3.可以看出有哪些法定繼承人之戶籍資料及繼承系統表。

---

❹❹　馬有敏，〈求心安？自書遺囑認證〉，《公證法學》，第一期，2004 年 5 月，p. 92。

❹❺　http://tpd.judicial.gov.tw/tpd-op12.htm

(三)向本院公證處服務臺購買認證請求書一份，填寫後交服務臺收件分案，分由公證人辦理。

(四)參考條文：《民法》第一千一百三十八條、第一千一百四十一條、第一千一百四十四條、第一千一百八十七條、第一千一百九十條及第一千二百二十三條。

(五)認證費用為遺囑內所提到的財產價值依下列費率徵收：

1.二十萬元以下者，五佰元。

2.二十萬元至五十萬元者，一千元。

3.逾五十萬元至一百萬元者，一千五佰元。

4.逾一百萬元至二百萬元者，二千元。

5.逾二百萬元至五百萬元者，二千五佰元。

6.逾五百萬元至一千萬元者，三千元。

7.逾一千萬元至五千萬元者，其超過一千萬元部分，每一千萬元加收一千元；不滿一千萬元者，按一千萬元計算。

8.逾五千萬元者，其超過部分，每一千萬元加收五百元；不滿一千萬元者，按一千萬元計算。

六、司法判例、判決及函釋

(一)最高法院民事判例 28 年上字第 2293 號

遺囑應依法定方式為之，自書遺囑，依《民法》第一千一百九十條之規定，應自書遺囑全文，記明年月日，並親自簽名。其非依此方式為之者，不生效力。

(二)司法院(77)祕臺廳(一)字第 01337 號

按自書遺囑者，應自書遺囑全文，記明年、月、日，並親自簽名，如有增減、塗改，應註明增減、塗改之處所及字數，另行簽名，《民法》第一

認證請求書

○○年度　第○○○○號（收件流水號，請求人勿填）

標的金額（價額）新臺幣○○○○○○○○○元（標的如無財產上價值免填）

請求人姓名或名稱	性別	出生日期、出生地	職業	身分證明文件及其字號	住居所或事務所、電話	備考

已為同意或允許之第三人、通譯或見證人姓名或名稱	性別	出生日期	職業	身分證明文件及其字號	住居所或事務所、電話	同意或允許、在場事由

請求認證之文書名稱	

證　明　文　件		發還證件	件數	收受人簽章

交　付　認　證　書	正　　　　本　　　　　　份	繕本或影本　　　　份	譯　　　　本　　　　　份	節本　　　　　　　　份

中華民國　　年　　月　　日

（請求人為法人或團體蓋印信處）

請求人　　　　　　　　　　（簽名或蓋章）

法定代理人或代表人　　　　（簽名或蓋章）

代理人　　　　　　　　　　（簽名或蓋章）

說明：

1. 認證之文書持往境外使用時，應於備考欄註明地區及用途。

2. 委任代理人者，應提出授權書，並於備考欄註明代理人授權書種類、字號及代理權限。

圖二　認證請求書

千一百九十條定有明文。其立法意旨無非用昭明確慎重，俾免事後紛爭。茲若自書遺囑有增、刪，而未依上揭規定為之者，固有未合，惟遺囑人本人又持以請求公證人，就該自書遺囑，作為公證書，其增、刪處並已依《公證法》第二十九條第一項之規定（現行《公證法》第八十三條）行之，則遺囑人所為增、刪之意思，似可顯明，了無疑義。至於　貴部來函所稱陳○和自書遺囑之效力一點，當事人間對之如有爭執而涉訟者，應由受訴法院依法認定之。

(三)最高法院 80 年臺上字第 132 號判決

又自書遺囑，如有增減、塗改，依《民法》第一千一百九十條後段之規定，應註明增減、塗改之處所及字數，另行簽名。未依此規定方式所為之增減、塗改，僅該增減、塗改部分不生遺囑變更之效力，尚難謂全部遺囑為無效。原審以系爭囑咐事項有增加及塗改而未依上開規定處理之情形，認其不具自書遺囑之效力，所持法律上之見解，亦有違誤。

(四)臺灣高等法院暨所屬法院 83 年法律座談會

1.問　題

繼承人乙依其被繼承人甲之自書遺囑訴請判命繼承人丙協同辦理分割遺產，丙抗辯謂該遺囑未載明年、月、日，依法無效，不得據為請求分割遺產。乙則主張該遺囑雖未載明年、月、日，但經法院公證處認證，於認證請求書及認證書上均載明其年、月、日，應可補正而為有效。法院應如何認定？

2.討論意見

(1)甲　說：系爭自書遺囑既經認證，應可認已補正而為有效之遺囑。

(2)乙　說：系爭遺囑既未依法載明年、月、日，不具備自書遺囑之要件，應屬無效，不因曾經法院認證而得視為已補正，何況依《公證法》第十七條之規定（現行《公證法》第七十條），公證人不得對無效之自書

遺囑為認證，更不得因經認證而使原屬無效之遺囑成為有效。

⑶司法院民事廳研究意見：

　　按自書遺囑，依《民法》第一千一百九十條之規定，應自書遺囑全文，記明年、月、日，並親自簽名，其非依此法定方式為之者，不生效力（最高法院民事判例 28 年上字第 2293 號判例參照）。案例之自書遺囑未經記明年、月、日，揆諸首開說明，應屬不生效力之私證書，公證人逕為認證，依《公證法》第四十七條第四項準用第十七條及第十條之規定（現行《公證法》第一百零七條準用第七十條及第十一條之規定），自不生認證之效力，故認證書雖經載明認證年、月、日，亦不能以之遽謂原法定要式欠缺之遺囑視為補正（本院祕書長⑺祕臺廳⑴字第 1184 號函同此意旨）。研究結論改採甲說，尚有未洽。（83 年 12 月 14 日⑻廳民一字第 22562 號函復臺高院）

㈤司法院第六期公證實務研討會

　1.問　題
　　遺囑可否用影印?
　2.討論意見
　⑴甲　說：
　　遺囑應可用影印，因為影印的方式只是一種方便書寫的工具，對遺囑之效力不致有影響，而且若不許用影印，而當事人僅寫一份遺囑，請其再寫，可能會有遺囑先後效力認定之問題，所以應可用影印。

　⑵乙　說：
　　遺囑不可用影印。蓋自書遺囑須由遺囑人自書遺囑全文，代筆遺囑應由見證人之一筆記，均著重在書寫人筆跡之認定及親自書寫之概念上，似不宜以影印為之。且若當事人影印了數份，只就其中幾份認證，則未經認證之影印遺囑效力如何，值得探究，若以後又拿出來用，反而會徒增糾紛，故不可用影印。

⑶研討結果：採乙說。

⑷司法院民事廳研究意見：

　　於訴訟實務上，若當事人所提出之文書僅為影本，其內容是否真正，易致爭議，此為《民事訴訟法》第三百五十二條：「公文書應提出其原本或經認證之繕本。」之所由設也。依同一理由，提出遺囑請求公、認證者，應以原本較可「信」、「認」，研究結論採乙說，並無不合。

七、自書遺囑之得失

　　自書遺囑在實務上最常見之錯誤，就是立遺囑人常常不是用手寫或親自書寫，沒有簽名，沒有記明年月日，其結果是法律上因自書遺囑違反要式性而無效。自書遺囑之立遺囑人雖然可以重新增減遺囑內容，但應注意如有刪改，則要註明增減的地方及字數，且在刪改地方簽名，才是自書遺囑有效之增減刪改 ❻。依照我國的習慣，通常是在遺囑結尾的地方註明第幾頁、第幾行、第幾字經過修改，或是在修改處欄外註明，另外再簽名表示負責即可 ❼。

　　自書遺囑因為隱密性較高、不需證人，容易發生繼承人爭執遺囑的真假，但可以事先找見證人或律師重新見證，以彌補缺憾 ❽。例如中泰賓館家族纏訟近二十年的「真假遺囑」一案，我國最高法院在 1995 年 8 月 10 日審理偵結，認定林紹明所提供在 1975 年 3 月 13 日，由林國長自書的那份遺囑為真 ❾。

　　自書遺囑最大的特色就是不必有見證人，在我國，其他四種方式的遺

---

❻ 黃振國，〈認識遺產規畫、遺囑撰寫及相關稅賦〉，《法律與你雜誌系列》，總號 116，1997 年 6 月，pp. 46–48。

❼ 蔡仟松，《遺囑寫作》，書泉出版社，2002 年 2 月初版，p. 67。

❽ 陳雅莉，〈不帶走一些遺憾！如何預立遺囑〉，《消費者報導》，186 期，1996 年 10 月，p. 11。

❾ 譚淑珍，〈想換風水爭奪遺骨爭家產冒出真假遺囑〉，《新新聞周刊》，450 期，1995 年 10 月 22～28 日，p. 81。

囑都必須有見證人。自書遺囑既可祕密為之（因不須有見證人），又可節省費用，此為其長處。但其方式太過簡單，一般人民既缺乏法律知識，故其內容未免有矛盾、曖昧或不適法等情形；其所要求方式雖已甚簡單，仍常有因方式不完備而無效者；且因無見證人，故與公證遺囑比較時，易發生偽造或變造情事，此等為其短處。由上可知，自書遺囑之得失利弊參半。惟一般人民，因此可以簡便之方式訂立遺囑，其利益仍不可抹殺。故各國《民法》，大率亦承認其為普通方式遺囑之一種❺⓪。

八、自書遺囑範例

遺　囑

　　立遺囑人○○○，這是一封給我摯愛的配偶○○○與兒子○○○最後的道別信函，雖然有些不捨與難過，但是我的生命終究會走向人生的終點，我願意將遺留在人世間的所有遺產依下列方式處理：

一、財產

(一)不動產部分

1.以下不動產由本人之配偶○○○繼承

　(1)土地坐落○○市○○區○○段○○小段○○地號，地目○○，面積○○平方公尺，權利範圍○○，○○年度每平方公尺公告現值○○○○○，遺產價值○○○○○元整。

　(2)建物門牌○○市○○區○○街（路）○○段（巷）（弄）○○號（樓）○○○建號，稅籍號碼○○○○○，面積○○平方公尺，附屬建物面積○○平方公尺，權利範圍○○，遺產價值○○○○○元整。

2.以下不動產由本人之兒子○○○繼承

　(1)土地坐落○○市○○區○○段○○小段○○地號，地目○○，面積○○平方公尺，權利範圍○○，○○年度每平方公尺公告現值○○○○○，遺產價值○○○○○元整。

---

❺⓪　戴炎輝，戴東雄合著，前揭書《中國繼承法》，p. 249。

(2)建物門牌○○市○○區○○街（路）○○段（巷）（弄）○○號（樓）
○○○建號，稅籍號碼○○○○○，面積○○平方公尺，附屬建物面
積○○平方公尺，權利範圍○○，遺產價值○○○○○元整。

(二)動產及其他有財產價值的權利

1. 存款：○○銀行○○分行定存帳號○○○○○，遺產價額○○○○○元
整遺贈給財團法人慈濟功德會。

2. 債權：○○○人○○○○○所在地，積欠本人○○○○○元，遺產價額
○○○○○元整遺贈給財團法人伊甸基金會。

3. 股票（份）獨資合夥出資：○○股份有限公司，面額○○，數量○○○
○○，遺產價額○○○○○元整遺贈給財團法人啟智技藝中心。

4. 現金、黃金、珠寶：○○○○○現金、○○兩黃金、○○珠寶，數量，
遺產價額○○○○○元整由本人之配偶○○○與兒子○○○平均繼承。

5. 其他財產或權利：本人向○○人壽保險股份有限公司投保終身壽險，保
險金額新臺幣○○○○○○○元整，受益人為本人之配偶○○○，由本
人之配偶○○○繼承。

二、器官捐贈

　　本人為延續愛的生命，已經簽署器官捐贈同意卡，將全部器官無條件
捐贈給醫院，移植給急需之病患，燃燒自己來照亮他人的生命，讓愛源源
不斷。

三、遺願

　　這是我最後一次和親友、世界惜別的機會，從臨終處理開始希望大家
為我祝福，穿著我最喜愛的西裝，告別式會場布置我最喜愛的照片及香水
百合，以火葬方式處理後事，讓肉體變化超升為精神層次的過程充滿溫馨
和愛的祝福。希望我的妻兒好好地度過這一輩子的生活，但願會有來生與
你們再續前緣！

立遺囑人：○○○（須親自簽名）

中　華　民　國　○　○　年　○　○　月　○　○　日

實　例　▶▶▶

　　甲乙立下共同遺囑，又該遺囑出自甲同一人筆跡，記名年月日並親自簽名，是否具有自書遺囑之效力？自書遺囑內所未列明之遺產由誰繼承？

解析

㈠具有自書遺囑之效力

　　依據我國《民法》第一千一百九十條規定，自書遺囑者，應自書遺囑全文，記明年月日，並親自簽名，本例係由甲乙二人將其意思共同表示於同一遺囑上，然而我國《民法》並無共同遺囑之明文規定，而該遺囑係出自甲所為之，註明年月日並親自簽名，應符合自書遺囑之規定。

㈡應由法定繼承人繼承

　　甲之遺產未列入遺囑內且非屬其立遺囑後所累積之財產，依我國《民法》第一千一百三十八條規定由法定繼承人繼承。惟應注意有關特留分之規定。

▶ 第二項　公證遺囑 ◀

一、公證遺囑之沿革

　　公證遺囑 (testamentum publicum, testament authentique, offentliches Testament, notarial will)，謂依公證方法作成之遺囑。公證遺囑，在西歐早已發達，羅馬《優士丁尼法典》即有於法院筆錄之遺囑 (testamentum apud acta factum) 及提出於皇帝之遺囑 (testamentum principi oblatum) 之公證遺囑。在德國當初之遺囑方式，係在法院或市會為口頭之遺囑或提出遺囑書，或以請求兩方面代表人二人之參審人或市會吏員二人之參與為通常。《寺院法》之遺囑方式，夙在寺院之執事與二人或三人之證人之面前行之。產生公證人制度之義大利，已在 13 世紀將此寺院法之遺囑方式世俗化，以公證人代替寺院職司，此制再傳入德國，在 14 世紀之日耳曼，即行公證人與證人之遺囑。德國《民法典》第二千二百三十一條第一項、第二千二百三十三條規定此傳統上嚴格的公證遺囑之方式，許於公證人或推事面前為遺囑。此方式，移入於遺囑法第六條至第二十條時，其方式大加緩和，其後再併入於德國《民法典》。瑞士《民法典》許於官員、公證人或依州法有此職務之文書人員一人面前，以證人二人之會合，作成公證遺囑（瑞士《民法典》第四百九十九條）。法國成文法地帶汲取《優士丁尼法典》之流，七名證人中一人為公證人，將遺囑人之口述，作成筆錄，向遺囑人及證人宣讀，而實行作成證書之口頭遺囑。在習慣法地帶，則將上述《寺院法》之方法世俗化，即係將在公證人二人或公證人一人及證人二人面前所為口述作成文書宣讀後，由公證人一人或證人一人及遺囑人共同簽名，而實行要式遺囑。法國《民法典》第九百七十一條至第九百七十四條之公證書遺囑 (testament par act public)，即係將此二種方式調和而成者（法國《民法典》第九百七十一條）。在日本《民法典》第九百六十九條則須有證人二人以上之會同，由公證人筆記口述並宣讀，由遺囑人及證人承認後，簽名蓋印，最後公證人附記係依規定所作，並簽名蓋章，亦即係略仿法國《民法典》之立法例。我國《民法》亦承認公證遺囑（我國《民法》第一千一百九十一條），其規定與日本《民法典》大致相同，而略為簡化❺❶。

二、公證遺囑之方式

　　公證遺囑是指按公證程序制作的遺囑。依據我國《民法》第一千一百九十一條第一項規定：「公證遺囑，應指定二人以上之見證人，在公證人前

❺❶　陳棋炎，黃宗樂，郭振恭合著，前揭書《民法繼承新論》，pp. 318–319。

口述遺囑意旨，由公證人筆記、宣讀、講解，經遺囑人認可後，記明年、月、日，由公證人、見證人及遺囑人同行簽名，遺囑人不能簽名者，由公證人將其事由記明，使按指印代之。」公證遺囑應具備如下條件❷：

（一）必須有二人以上的見證人在場見證

　　見證人由遺囑人指定，須具備見證人資格。見證人的任務是證明遺囑的真實性和監督公證人公正地執行其職務，因此，見證人應親自參與遺囑制作的全部過程。

（二）必須由遺囑人在公證人面前口述遺囑內容

　　不得由他人代為口述，也不得以筆記代替口述。口述應以言語為之，不得以其他舉動表達，故不能口述者（啞者或有語言障礙者），自不能為公證遺囑❸。

（三）須由公證人筆記、宣讀、講解

　　必須由公證人根據遺囑人的口述，作成筆記，然後就遺囑全文向遺囑人宣讀、講解，使遺囑人明白了解遺囑的內容。如果遺囑人對遺囑的內容有修改或者補充，公證人也應就遺囑全文向遺囑人宣讀講解。

（四）須遺囑人認可後，記明年月日，由公證人、見證人及遺囑人同行簽名

　　遺囑人於公證人宣讀講解後，如對於筆記予以認可，即認為與其意旨相符，則公證人應記明年月日，由公證人、見證人及遺囑人同行簽名。遺囑人如不能簽名，由公證人將其事由記明，使按指印代之❹。通常以指印代簽名時，尚須有二人簽名證明（我國《民法》第三條第三項）；然在公證

<hr />

❷　胡大展主編，前揭書《臺灣民法研究》，pp. 518–519。

❸　羅鼎著，前揭書《民法繼承》，p. 186。

❹　陳棋炎，黃宗樂，郭振恭合著，前揭書《民法繼承新論》，p. 324。

遺囑，因已有公證人及見證人，與遺囑人同行簽名，自無須另覓證明人。見證人須簽名，不能以指印代之。

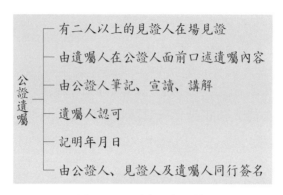

圖三　公證遺囑之要件

（圖中文字：公證遺囑）
- 有二人以上的見證人在場見證
- 由遺囑人在公證人面前口述遺囑內容
- 由公證人筆記、宣讀、講解
- 遺囑人認可
- 記明年月日
- 由公證人、見證人及遺囑人同行簽名

三、公證人職務之代行

公證遺囑須在公證人前為之，故須有公證人行使職務始能作成之。如遺囑人所在地無公證人者，《民法》特別規定公證人職務之代行（我國《民法》第一千一百九十一條第二項），以便利遺囑人。作成公證遺囑之公證人職務，在無公證人之地，得由法院書記官代行。僑民在中華民國領事駐在地為遺囑時，得由領事行之。遺囑之成立要件，依成立時遺囑人之本國法（我國《涉外民事法律適用法》第二十四條第一項），僑民自得依《民法》規定方式為遺囑。為便利僑民，僑民在領事駐在地為公證遺囑時，得由領事執行公證人職務。僑民無須在領事駐在地住所或居所，短暫於領事駐在地訪問或旅行時，領事亦不妨為其執行公證遺囑職務❺❺。《民法》並未以外國人為見證人之缺格者，故以外國人為見證人所為之遺囑亦屬有效❺❻。

四、公證遺囑的見證人消極資格

依據《民法》第一千一百九十八條及《公證法》第七十九條規定，以

---

❺❺　史尚寬著，《繼承法》，三民書局，1966 年 6 月初版，p. 410。

❺❻　陳棋炎，黃宗樂，郭振恭合著，前揭書《民法繼承新論》，p. 324。

下之人不得為遺囑見證人：

　⑴未成年人。

　⑵禁治產人。

　⑶繼承人及其配偶或其直系血親。

　⑷受遺贈人及其配偶或其直系血親。

　⑸為公證人或代行公證職務人之同居人、助理人或受僱人。

　⑹於請求事件有利害關係人。

　⑺於請求事件為代理人或曾為代理人者。

　⑻為公證人之配偶、直系血親或直系姻親。

　⑼公證人之佐理員及助理人。

　　第⑺、⑻、⑼規定之人，如經請求人全體同意者，仍得為見證人。

五、公證人辦理遺囑公證應說明與記載事項

　　公證人辦理遺囑公證，應向遺囑人說明《民法》關於特留分之規定；遺囑人為外國人或我國僑民，依形式審查應為繼承人為我國人民者，亦同。公證人應於公證書記載前項說明及當事人就此所為之表示，必要時並得註明：「於繼承開始時，其遺囑內容如有違反特留分之規定者相關繼承人得依法扣減之。」（《公證法》施行細則第七十一條第一、二項）

六、司法函釋與判解

㈠司法院⑻秘臺廳一字第 01442 號

　　「按公證遺囑係立遺囑人生前於公證人面前所作之遺囑，其本質上仍屬立遺囑人為使其死亡後發生效力之一種單獨要式行為，固非如一般確定判決具有確定力、形成力或執行力。惟其遺囑內容，倘已發生遺贈土地權利之效力，地政機關對於部分繼承人持公證遺囑按遺贈意旨申辦遺贈土地分別共有登記，自可依土地登記規則等相關規定（第二十六條第三款、第

公證請求書

〇〇年度　第〇〇〇〇號（收件流水號，請求人勿填）

標的金額（價額）新臺幣〇〇〇〇〇〇〇〇〇〇〇元（標的如無財產上價值免填）

請求人姓名或名稱	性別	出生日期、出生地	職業	身分證明文件及其字號	住居所或事務所、電話	備考

已為同意或允許之第三人、通譯或見證人姓名或名稱	性別	出生日期	職業	身分證明文件及其字號	住居所或事務所、電話	同意或允許、在場事由

請求公證事項（法律行為或私權事實）	
約定逕受強制執行事項	
請求人是否為現役軍人	□是　□否（本欄供公證結婚請求書使用）

證明文件		發還證件	件數	收受人簽章

交付公證書	正　　　本　　份	繕本或影本　　份	譯　　　本　　份	節本　　　　　　份

中華民國　年　月　日

（請求人為法人或團體蓋印信處）

請求人　　　　　　　　　　　（簽名或蓋章）

法定代理人或代表人　　　　　（簽名或蓋章）

代理人　　　　　　　　　　　（簽名或蓋章）

說明：委任代理人者，應提出授權書，並於備考欄註明代理人授權書種類、字號及代理權限。

圖四　公證請求書

二十九條）處理。」

㈡司法院第七期公證實務研究會

1.問　題

遺囑人以遺囑指定遺產之分管方式者，該遺囑可否准予公證或認證？

2.實　例

被繼承人甲有遺產 A、B、C 三筆土地，並有配偶乙及子女丙、丁。⑴甲以遺囑指定在遺產分割前，乙管理 A、丙管理 B、丁管理 C。⑵甲以遺囑指定乙繼承 A、B，丙、丁共同繼承 C，在 C 分割前，丙管理 C 之右半邊，丁管理 C 之左半邊。

3.討論意見

⑴甲　說：肯定說

關於遺產之處分應充分尊重被繼承人之意思，故《民法》第一千一百八十七條規定，在不違反特留分之範圍內，得以遺囑自由處分。而《民法》第一千一百六十五條復規定：就分割方法及禁止分割，應遵從被繼承人之意思。舉重以明輕，就處分、分割等重度行為即如此，則分管係輕度行為，自亦應遵從被繼承人之意思。

⑵乙　說：否定說

分割、分管為共有人本於其所有權所為之積極作用，故非共有人即無從本於所有權而為分割或分管。關於遺產之分割乃禁止分割及繼承法之特別規定，應遵從遺囑人之意思，而「分管」既無特別規定，則仍應從共有之規定，非共有人不得為之。繼承人所為指定分管之遺囑，應拒絕公、認證。

⑶丙　說：折衷說

所謂分割，有共有物之分割（《民法》第八百二十三條）及遺產之分割（《民法》第一千一百六十四條），而遺產乃被繼承人死亡時之財產，為一集合體。故遺產之分割應從被繼承人之意思，共有物之分割應從共有人之

意思。分管亦可類推分割相關之規定，故遺產之分割、分管應從被繼承人之意思。在例題(2)，乙取得 A、B，另 C 為丙、丁共有，對於 C 之分管，應由共有人丙、丁協議，不容甲以遺囑為之。

⑷研討結論：採甲說。

七、公證遺囑之得失

公證遺囑，不如自書遺囑之可以嚴守祕密，且關於費用及作成之便利，亦有短處(因公證處或其分處，非各地均有之)。惟文盲或不熟習法律之人，亦得藉以訂立遺囑，且其所在明確，方式之遵守、內容之真實以及證據力之強大，遠勝於自書遺囑。是以，諸外國亦概予採取。惟在現在吾國，須推進發展公證事務，輕減利用者之負擔，提高公證人之資質，以期圖善運用 **❺❼**。

八、公證遺囑範例

遺　囑

請求人（立遺囑人）○○○，在公證人前口述遺囑意旨如下：

㈠財　產

1. 不動產部分

以下不動產由本人之配偶○○○繼承

⑴土地坐落○○市○○區○○段○○小段○○地號，地目○○，面積○○平方公尺，權利範圍○○，○○年度每平方公尺公告現值○○○○○，遺產價值○○○○○元整。

⑵建物門牌○○市○○區○○街（路）○○段（巷）（弄）○○號（樓）○○○建號，稅籍號碼○○○○○，面積○○平方公尺，附屬建物面積○○平方公尺，權利範圍○○，遺產價值○○○○○元整。

2. 動產及其他有財產價值的權利

---

❺❼　戴炎輝，戴東雄合著，前揭書《中國繼承法》，p. 252。

⑴存款：○○銀行○○分行定存帳號○○○○○，遺產價額○○○○○元整由本人之長子○○○繼承。

⑵債權：○○○人○○○○○所在地，積欠本人○○○○○元，遺產價額○○○○○元由本人之次子○○○繼承。

⑶股票（份）獨資合夥出資：○○股份有限公司，面額○○，數量○○○○○，遺產價額○○○○○元整由本人之長女○○○繼承。

⑷現金、黃金、珠寶：○○○○○現金、○○兩黃金、○○珠寶，數量○○，遺產價額○○○○○元整由本人之次女○○○繼承。

⑸其他財產或權利：本人向○○人壽保險股份有限公司投保終身壽險，保險金額新臺幣○○○○○○○元整，受益人為本人之配偶○○○，由本人之配偶○○○繼承。

㈡本遺囑由公證人筆記、宣讀、講解，經遺囑人認可後，由公證人、見證人及遺囑人同行簽名，依據《公證法》第二條第一項及《民法》第一千一百九十一條規定，予以公證。

立遺囑人：○○○

身分證字號：○○○○○○○○○○

住址：○○○○○○○○○

見證人：○○○

身分證字號：○○○○○○○○○○

住址：○○○○○○○○○

見證人：○○○

身分證字號：○○○○○○○○○○

住址：○○○○○○○○○

公證人：○○○

身分證字號：○○○○○○○○○○

住址：○○○○○○○○○○

中　華　民　國　○○　年　○○　月　○○　日

實 例 ▶▶▶

　　被繼承人甲即遺囑人具有中華民國國籍,於 1984 年 3 月 2 日於香港逝世,試問甲生前於香港公證處作成之公證文書是否具有我國公證遺囑之效力? 如果甲在我國駐香港實質上執行有關領事館職務之執事前公證遺囑是否有效? 甲遺囑若符合其他種類之遺囑方式是否有效?

解析

(一)不具有我國公證遺囑之效力

　　甲具有中華民國國籍,其所為之遺囑是否合法成立及其效力如何,自應適用我國《民法繼承編》之有關規定。查我國《民法》第一千一百八十九條規定,遺囑係屬法定之要式行為,須依法律規定之方式為之,始有效力。甲生前雖於香港公證處作成公證遺囑,惟我國《民法》第一千一百九十一條第一項所謂公證人,係指我國之公證人而言,而非可以擴大到其他國家之公證人。

(二)在中華民國領事駐在地為公證遺囑時有效

　　雖僑居在中華民國領事駐在地為遺囑時,依同條第二項規定,僑民在中華民國領事駐在地為遺囑時得由領事行公證人職務。

(三)遺囑若符合其他種類之遺囑方式應為有效

　　甲之遺囑若符合其他種類之遺囑方式,如自書遺囑,應為有效,不會因為甲書寫遺囑或死亡地點在外國而影響其他種類之遺囑效力。

▶ 第三項　密封遺囑 ◀

一、密封遺囑之沿革

密封遺囑 (testamentum arcanum, testament mystique, my-stic testament) 係遺囑人將其祕密作成或由他人代寫作成之遺囑密封後，於見證人前，提經公證人簽證之遺囑。密封遺囑起源於羅馬《優士丁尼法典》之三部（見證人七人、封印及簽署）遺囑 (testamentum tripertitum)，近代《民法》大都採用之，例如法國《民法典》（第九百七十六條至第九百七十九條），日本《民法典》（第九百七十條至第九百七十二條），韓國《民法典》（第一千零六十九條），我國《民法》亦然（我國《民法》第一千一百九十二條）。德國《民法典》及奧國《民法典》雖亦承認密封遺囑，然不承認其為獨立的一種方式，而視為公證遺囑之一種（德國《民法典》第二千二百三十八條第二項，奧地利《民法典》第五百八十七條）❺❽。

二、密封遺囑之方式

依我國《民法》第一千一百九十二條第一項規定：「密封遺囑，應於遺囑上簽名後，將其密封，於封縫處簽名，指定二人以上之見證人，向公證人提出，陳述其為自己之遺囑，如非本人自寫，並陳述繕寫人之姓名，住所，由公證人對於封面記明該遺囑提出之年、月、日及遺囑人所為之陳述，與遺囑人及見證人同行簽名。」密封遺囑的成立條件是❺❾：

---

❺❽　陳棋炎，黃宗樂，郭振恭合著，前揭書《民法繼承新論》，p. 328。

❺❾　李景禧主編，《臺灣親屬法和繼承法》，廈門大學出版社，1991 年 7 月第一版，pp. 142–143。

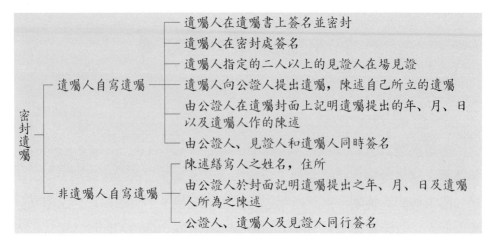

圖五　密封遺囑之要件

（一）須由遺囑人在遺囑上簽名

　　至於遺囑書是由遺囑人自書、或由他人代筆或使用打字機等作成，均無不可。而且，只要遺囑人在遺囑上簽名即可，不必記明年、月、日。因為密封遺囑的作成時間是以公證人所記載的遺囑人提出遺囑的年、月、日為準，而不以遺囑書上記明的年、月、日為準。

（二）須由遺囑人將遺囑書密封，並在密封處簽名，以防止他人啟視

　　密封遺囑也可以由他人在遺囑人面前進行,但只能由遺囑人自己簽名。

（三）須有遺囑人指定的二人以上的見證人在場見證，由遺囑人向公證人提出遺囑，陳述該遺囑是自己所立的遺囑

　　如遺囑不是本人自書的，遺囑人還應陳述繕寫人的姓名和住所。遺囑人向公證人陳述時，無須陳述遺囑內容，只要說明該遺囑是自己所立的遺囑即可。

㈣須由公證人在遺囑封面上說明該遺囑提出的年、月、日以及遺囑人
　　所作的陳述

　　公證人所記明提出遺囑的年、月、日即是遺囑作成的時間。即使遺囑
書上有年、月、日記載，也以公證人所記明的年、月、日為遺囑作成時間。

㈤須由公證人、見證人和遺囑人在遺囑封面上同時簽名

　　此時遺囑人簽名是為證明已經履行密封遺囑的手續，與為了保密而在
密封處簽名的作用不同。

三、密封遺囑之轉換

　　各種遺囑各有其特殊之方式，原則上不許代用，我國《民法》第一千
一百九十三條對此原則設有例外。即「密封遺囑不具備前條所定之方式而
具備我國《民法》第一千一百九十條所定自書遺囑之方式者有自書遺囑之
效力。」此因密封遺囑原可分為兩部以觀察之。即公證人封面之附記與遺囑
內容之記載是也。如其遺囑內容出於遺囑人之自書，不但與自書遺囑完全
相同，且許其為自書遺囑之代用與遺囑人之真意相符故也❻。故雖不能為
密封遺囑而有效，仍不妨為自書遺囑而有效（我國《民法》第一千一百九
十三條），即所謂無效行為之轉換（參閱我國《民法》第七十三條）。此為
法律行為合理解釋之適例也❻。

　　公證人在遺囑人不能簽名卻請求辦理密封遺囑之情形下,應依我國《公
證法》第七十一條闡明公證人不能為其辦理密封遺囑之法律上理由，曉諭
其是否願意改辦理代書遺囑或公證遺囑之公證，並向其說明密封遺囑與代
筆遺囑或公證遺囑之異同，方為妥是❻。

---

❻　羅鼎著，前揭書《民法繼承》，pp. 192–193。

❻　戴炎輝，戴東雄合著，前揭書《中國繼承法》，p. 254。

❻　周家寅,〈密封遺囑公證之實務問題探討〉,《公證法學》，第 1 期，2004 年 5 月，
　　p. 97。

四、如何辦理密封遺囑公證

⑴公證密封遺囑的請求人有立遺囑人及二位見證人，都要親自到公證處，不可以代理。

⑵繼承人、受遺贈人和他們的配偶、直系血親、未成年人、禁治產人及利害關係人，都不可以當見證人。

⑶雖然是密封遺囑，立遺囑人處分財產，還是不可以侵害繼承人的特留分。

⑷遺囑人應於密封遺囑上親自簽名，遺囑如非本人自寫，應陳述繕寫人之姓名、住所，但是遺囑人仍須親自簽名。

⑸辦理時，立遺囑人和見證人要帶國民身分證和印章及密封遺囑用的信封，並且要在公證人面前，在密封遺囑封面上簽名。

⑹參考條文：《民法》第一千一百九十二條。

⑺公證費用：新臺幣壹仟元。

五、司法實務研究

司法院第六期公證實務研究會：

1.問　題

《民法》第一千一百九十二條所謂：「密封遺囑，應於遺囑上簽名後，將其密封，於封縫處簽名。」之行為，應否在公證人面前完成？

2.討論意見

⑴甲　說：

題示行為，由遺囑人自行負責處理，不必在公證人面前完成。只需遺囑人指定二人以上之見證人，向公證人提出，陳述所密封者為自己之遺囑即可。

⑵乙　說：

　　為確定遺囑人已於遺囑上簽名，題示行為，應在公證人面前完成。

⑶研討結論：採甲說。

⑷司法院民事廳研究意見：

　　題示情形，依《民法》第一千一百九十二條第一項規定：「密封遺囑，應於遺囑上簽名後，將其密封，於密封處簽名，指示二人以上之見證人，向公證人提出，陳述其為自己之遺囑，如非本人自寫，並陳述繕寫人之姓名、住所，由公證人於封面記明該遺囑提出之年、月、日及遺囑人所為之陳述，與遺囑人及見證人同行簽名。」及《公證法施行細則》第七十條規定：「密封遺囑，應由遺囑人於遺囑上簽名後，將其密封，並於封縫處簽名，由遺囑人及其指定之見證人，攜帶身分證明文件親自到場辦理，不得由代理人代為請求。」以採甲說即為已足，原研討意見採甲說，擬予同意。

六、密封遺囑之得失

　　密封遺囑和公證遺囑最大的差別在於它可以密封、自書，也可以由第三人代寫，同時要有兩位見證人向公證人提出，並在封口處簽名。將來繼承人在繼承開始的時候，他可以申請開封。所以我國《民法》第一千一百一十三條規定，有封緘的遺囑一定要在親屬會議當場或法院公證處才得開視，遺囑開視時，應製作紀錄記明遺囑的封緘有沒有毀損、有沒有特別的情形，由在場人同行簽名。而在實務上來講，這種密封遺囑大概是請求公證開封遺囑，來得知密封遺囑的內容。這就是密封遺囑必須經由公證程序之特別要式行為❻❸。

　　密封遺囑因有見證人及公證人證明，故其存在甚為確實；而其內容，如係本人自書，又可保守祕密，似兼有自書遺囑及公證遺囑之長處。且可不必自書，而得使他人代筆，故苟自己能簽名，即可使代筆人作為遺囑。又在無公證人之地，亦得由法院書記官；在外國僑民，得由領事，代行公

---

❻❸　黃振國，〈認識遺產規畫、遺囑撰寫及相關稅賦〉，《法律與你雜誌系列》，總號116，1997 年 6 月，pp. 48–50。

證人之職務（我國《民法》第一千一百九十二條第二項、第一千一百九十一條第二項），作成密封遺囑。但自書之密封遺囑，則仍有如自書遺囑之缺點。

七、密封遺囑範例

遺　囑

　　立遺囑人○○○，民國○○年○○月○○日出生，身分證字號○○○○○○○○○○，戶籍地為○○市○○路○○巷○○號○○樓，因為年事已高而且身體健康不佳，有感離百年之日已不遠矣，唯恐離開人世後，龐大家產分配不公而造成兄弟閱牆，特別請律師事務所律師○○○與○○○為見證人，本遺囑內容如下：

㈠以下不動產由本人之配偶○○○繼承

1. 土地坐落○○市○○區○○段○○小段○○地號，地目○○，面積○○平方公尺，權利範圍○○，○○年度每平方公尺公告現值○○○○○，遺產價值○○○○○元整。

2. 建物門牌○○市○○區○○街（路）○○段（巷）（弄）○○號（樓）○○○建號，稅籍號碼○○○○○，面積○○平方公尺，附屬建物面積○○平方公尺，權利範圍○○，遺產價值○○○○○元整。

㈡以下動產及其他有財產價值的權利分別由本人之配偶○○○、長子○○○、次子○○○繼承

1. 存款：○○銀行○○分行定存帳號○○○○○，遺產價額○○○○○元整由長子○○○繼承。

2. 債權：○○○人日○○○○所在地，積欠本人○○○○○元，遺產價額○○○○○元整由次子○○○繼承。

3. 股票（份）獨資合夥出資：○○股份有限公司，面額○○，數量○○○○○，遺產價額○○○○○元整由次子○○○繼承。

4. 現金、黃金、珠寶：○○○○○現金、○○兩黃金、○○珠寶，數量○○，遺產價額○○○○○元整由本人之配偶○○○、長子○○○與次子

○○○平均繼承。

5.其他財產或權利：本人向○○人壽保險股份有限公司購買○○投資型基
　金，金額新臺幣○○○○○○○元整，由次子○○○繼承。

(三)遺　願

　　請以火葬與佛教方式處理後事，將骨灰罈放置在○○○靈骨塔內，與
過世妻子團聚在一起。

　　以上遺囑內容是遺囑人○○○親筆記載，在○○○與○○○見證人間
宣讀、講解，亦經遺囑人認可記明立遺囑時間，三人同時簽名，另以本遺
囑一式三份由遺囑人及二位見證人各持乙份存證。

　　　　　　　　　　　　　　　立遺囑人：○○○

　　　　　　　　　　　　　　　身分證字號：○○○○○○○○○○

　　　　　　　　　　　　　　　住址：○○○○○○○○○

　　　　　　　　　　　　　　　見證人：○○○

　　　　　　　　　　　　　　　身分證字號：○○○○○○○○○○

　　　　　　　　　　　　　　　住址：○○○○○○○○○

　　　　　　　　　　　　　　　見證人：○○○

　　　　　　　　　　　　　　　身分證字號：○○○○○○○○○○

　　　　　　　　　　　　　　　住址：○○○○○○○○○

中　華　民　國　○　○　年　○　○　月　○　○　日

實 例 ▶▶▶

　　甲於民國90年5月15日死亡，生前立有密封遺囑，就其遺
產全部指定由男性繼承人即乙、丙、丁繼承。嗣甲之女性繼承人
戊、己、庚等人應如何主張權利？密封遺囑中並未提到坐落臺南
縣關廟鄉下湖段○○○之一號旱地所有權應有部分二分之一，係
立遺囑人所購買信託登記為辛之名義所有，甲已死亡，信託契約
已終止，誰得請求辛將該土地所有權移轉登記？（參考最高法院八

三年度臺上字第二八八五號民事判決）

解析

(一)以密封遺囑違反特留分之規定，依據《民法》第一千一百八十七條規定：「遺囑人於不違反關於特留分規定之範圍內，得以遺囑自由處分遺產。」戊、己、庚可訴請確認特留分之繼承關係存在。

(二)按繼承人有數人時，在分割遺產前，各繼承人對於遺產全部為共同公有。又除依公同關係所由規定之法律或契約另有規定外，公同共有財產權之處分及其他之權利行使，應得公同共有人全體之同意，此觀《民法》第一千一百五十一條、第八百二十八條、第八百三十一條之規定自明。本題由甲之法定繼承乙、丙、丁、戊、己及庚均得請求將該土地所有權移轉登記給全體繼承人公同共有。

▶ 第四項　代筆遺囑 ◀

一、概　說

　　代筆遺囑 (testamentum allographum)，謂由見證人中一人（他人）代筆而作成之遺囑，乃我國所特設之制度。德國、法國、瑞士、日本、韓國，均無此制度，惟奧國《民法典》上在法院外由他人代寫之遺囑（奧國《民法典》第五百七十九條以下），頗相類似耳[64]。

二、代筆遺囑之方式

　　依我國《民法》第一千一百九十四條規定：「代筆遺囑，由遺囑人指定三人以上之見證人，由遺囑人口述遺囑意旨，使見證人中之一人筆記、宣

---

[64]　陳棋炎，黃宗樂，郭振恭合著，前揭書《民法繼承新論》，p. 331。

讀、講解、經遺囑人認可後，記明年、月、日，及代筆人之姓名，由見證人全體及遺囑人同行簽名，遺囑人不能簽名者，應按指印代之。」此為代筆遺囑之方式❻，與公證遺囑之方式大致相同，茲說明如次❻：

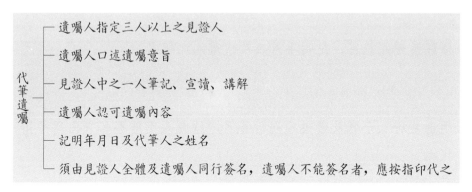

圖六　代筆遺囑之要件

（一）須由遺囑人指定三人以上之見證人

在公證遺囑、密封遺囑，見證人只須二人，但在代筆遺囑，因無公證人參與，故須有三人以上，以昭慎重，而防作偽。

（二）須由遺囑人口述遺囑意旨

啞者及其他言語障礙之人，不能依代筆為遺囑，此點與公證遺囑同。遺囑人不通中國語言，而以外國語言口述遺囑意旨時，應指定通曉外國語言之見證人三人，其遺囑不妨以外國文字作之❼。

❻　代筆遺囑符合臺灣《民法》第一千一百九十四條所定要件，但不以經法院公證為必要（參照前司法行政部 58 年 5 月 30 日臺 58 函民決字 4191 號），無須經親屬會議認定其真偽（同 61 年 3 月 6 日臺 61 函決字 1783 號）。

❻　陳棋炎，黃宗樂，郭振恭合著，前揭書《民法繼承新論》，pp. 332–333。

❼　史尚寬著，前揭書《繼承法》，pp. 414–415。

㈢須由見證人中之一人筆記、宣讀、講解

此點與公證遺囑同。不過，此時見證人必須親自筆記，不得使他人為之❻❽。

㈣須經遺囑人認可，記明年月日及代筆人之姓名

關於此點，除應記明代筆人姓名外，與公證遺囑同。

㈤須由見證人全體及遺囑人同行簽名，遺囑人不能簽名者，應按指印
　代之

遺囑人不能簽名者，應按指印代之，不適用《民法》第三條第二項以印章代替簽名之規定（前司法行政部六十三年十月二十六日臺六三函民字九二五五號函），如遺囑人僅蓋印章，自屬有違法定方式而歸無效（五八年臺上字二一九號判決）。遺囑人不能簽名而以指印代之者，不必由代筆人記明不能簽名之事由，因代筆遺囑大都為不識字者所採用，無庸贅及也。此點與公證遺囑有異。但見證人必須親自簽名，所謂見證人全體，代筆人自亦包括在內。見證人如有五人，則五人均須簽名，但代筆遺囑之成立以有三人為已足，如五人中縱有二人漏未簽名，遺囑仍為有效❻❾。

代筆遺囑見證人是否適用《民法》第三條第二項以印章代替簽名之規定？我國《民法》並未明文規定，但是司法實務上卻有不同的見解：

1. 肯定說

司法院⑺⑹祕臺廳㈠字第 01247 號認為《民法》第一千一百九十四條關於見證人簽名部分，既未有如「遺囑人不能簽名者，應按指印代之」之特別規定，解釋上仍有《民法》第三條第二項規定之適用。

2. 否定說

---

❻❽ 戴炎輝、戴東雄合著，前揭書《中國繼承法》，p. 226。陳棋炎、黃宗樂、郭振恭合著，前揭書《民法繼承新論》，p. 230。史尚寬著，前揭書《繼承法》，p. 415。

❻❾ 羅鼎著，前揭書《民法繼承》，p. 195。史尚寬著，前揭書《繼承法》，p. 415。

法務部⑺法律字第 7609 號函及⑻法律字第 18566 號函認為，代筆遺囑依據《民法》第一千一百九十四條規定：「代筆遺囑……，由見證人全體及遺囑人同行簽名，遺囑人不能簽名者，應按指印代之。」此係法定特別要件，因之，遺囑人與見證人之簽名，應無《民法》第三條第二項得以印章代替簽名規定之適用。

3. 筆者認為

《民法》第一千一百九十四條規定為《民法》第三條第二項之特別規定，既然已經明文規定：「見證人全體及遺囑人同行簽名」，僅有「遺囑人不能簽名者，應按指印代之」之例外情形，《民法繼承編》代筆遺囑「見證人全體及遺囑人同行簽名」的法定特別要件之效力優先於《民法總則》「如有用印章代替簽名者，其蓋章與簽名生同等之效力。」

三、如何辦理代筆遺囑認證

㈠如果立遺囑人不方便寫字，可以作代筆遺囑，方法如下

1. 由遺囑人指定三人以上之見證人，其中一人兼為代筆人。
2. 由遺囑人口述遺囑意旨，由見證人中之一人（代筆人）記載下來。（可複寫但不可用打字或影印）
3. 經代筆人向遺囑人講解後，若遺囑人同意內容，再記明年、月、日，代筆人之姓名，由見證人全體及遺囑人簽名。
4. 遺囑人如果不能簽名，應蓋指印。
5. 見證人資格須不違背《民法》第一千一百九十八條之限制。

㈡應準備之文件

1. 遺囑人、代筆人及另外二位見證人全體均須親自攜帶國民身分證、印章到場簽名。
2. 遺囑要準備三份以上，由法院留存一份，另一份送全國公證人公會聯合

會。遺囑可以複寫，但不可用打字或影印。

3.須帶之證明文件：如房屋權狀、土地權狀、建物登記謄本、土地登記謄本、存摺或存單等之影本。

4.須帶遺產價值之證明文件：如房屋稅單、地價證明等。

5.立遺囑人全戶暨除戶戶籍謄本等以方便了解全體繼承人之人數。

6.遺囑之內容不得侵害各繼承人之特留分。

7.遺囑認證之費用請參考自書遺囑費用徵收標準。

四、司法函釋

㈠最高法院 50 年臺上字第 574 號判例

代筆遺囑，在《民法》第一千一百九十四條，既特別規定須由遺囑人於遺囑內容內簽名或按指印始為有效，則同法第三條第二項關於蓋章與簽名生同等效力之普通規定，於代筆遺囑即無其適用。

㈡最高法院 92 年臺上字第 849 號判例

按法律行為之一部分無效者，全部皆為無效。但除去該部分亦可成立者，則其他部分，仍為有效，《民法》第一百十一條固有明文，惟該條但書之規定，非謂凡遇給付可分之場合，均有其適用，尚須綜合法律行為全部之旨趣，當事人訂約時之真意、交易之習慣、其他具體情事，並本於誠信原則予以斟酌後，認為使其他部分發生效力，並不違反雙方當事人之目的者，使足當之（最高法院 75 年臺上字第 1261 號判例參照）。又遺囑性質上為一無相對人之單獨行為，代筆遺囑之遺囑人所為遺囑之意思表示，須經見證人為宣讀、講解等見證行為，最後並由見證人就其見證之整個遺囑內容與遺囑人同行簽名確認，則遺囑在性質上是否屬可分之法律行為，已非無疑。而代筆遺囑首重誠信、真實，故不容代筆人對遺囑內容為任何不實之記載。本件遺囑就其記載之內容觀之，第一項及第三項記載由上訴人單

獨繼承遺囑人之全部財產，涉及上訴人之繼承權範圍之增加，第二項記載被上訴人喪失繼承權，涉及被上訴人繼承權範圍之減少或喪失，有系爭遺囑在卷可按，若無第二項之記載，第一項記載在法律上未必全部成立，須二者合一始構成遺囑人處分遺囑之一體性，除去第二項記載，遺囑人之意思即未必會為第一項及第三項記載之財產處分方式……，即可證明，則解釋遺囑人之意思可知其並無將遺囑內容各項分開之意。且衡諸誠信，是否喪失繼承權，對繼承人之權利義務攸關重大，亦不容立遺囑人無據而任意記載，或於遺囑人未為口述時由見證人逕行記載，依本件代筆遺囑之意旨綜合觀察，系爭遺囑顯具有整體不可分之性質，亦即除去第二項部分遺囑即無從成立。本件代筆遺囑無從分割，亦無《民法》第一百十一條但書規定適用餘地。

㈢司法院⑺⑹祕臺廳㈠字第 01247 號

　　按代筆遺囑，由遺囑人指定三人以上之見證人，由遺囑人口述遺囑意旨，使見證人中之一人筆記、宣讀、講解，經遺囑人認可後，記明年月日，及代筆人之姓名，由見證人全體及遺囑人同行簽名，遺囑人不能簽名者，應按指印代之，《民法》第一千一百九十四條定有明文。由該法條文義觀之，若代筆遺囑事實上業經筆記、宣讀、講解，且經遺囑人認可，並已記明年月日，及代筆人之姓名，僅未記明「經宣讀、講解及遺囑人認可」等字樣，對代筆遺囑之效力，似不生影響。

　　依法律之規定，有使用文字之必要者，得不由本人自寫，但必須親自簽名。又如有用印章代替簽名者，其蓋章與簽名生同等之效力，《民法》第三條第一、二項分別定有明文。同法第一千一百九十四條關於見證人簽名部分，既未有如「遺囑人不能簽名者，應按指印代之」之特別規定，解釋上仍有《民法》第三條第二項規定之適用。

㈣司法院⒂祕臺廳㈠字第 01184 號

按代筆遺囑，由遺囑人指定三人以上之見證人，由遺囑人口述遺囑意旨，使見證人中之一人筆記、宣讀、講解，經遺囑人認可後，記明年月日，及代筆人之姓名，由見證人全體及遺囑人同行簽名，遺囑人不能簽名者，應按指印代之。《民法》第一千一百九十四條定有明文。關於簽名及按指印之部分，係《民法》第三條第二項之特別規定，自不適用該條項所稱「其蓋章與簽名生同等之效力」之規定。本件遺囑人陳○換於生前預立之「遺囑書」如屬代書遺囑性質，依上開規定，須由遺囑人簽名，遺囑人不能簽名者，應按指印代之。如僅由遺囑人蓋章而未簽名或未按指印代之，既不備法定要件，自不生遺囑效力。縱令遺囑人在公證人製作之認證書上簽名或按指印，亦不能補正上開遺囑書法定要件之欠缺。

㈤法務部⒂法律字第 7609 號函及⒅法律字第 18566 號函

查遺囑應依法定方式為之，代筆遺囑依據《民法》第一千一百九十四條規定：「代筆遺囑……，由見證人全體及遺囑人同行簽名，遺囑人不能簽名者，應按指印代之。」此係法定特別要件，因之，遺囑人與見證人之簽名，應無《民法》第三條第二項得以印章代替簽名規定之適用。

㈥法務部⒅法律決字第 22374 號

按《民法》第一千一百九十四條明定「代筆遺囑，須由遺囑人指定三人以上之見證人，並使見證人中之一人筆記、宣讀、講解」。所謂「筆記」係指親自執筆，不得使他人為之。如遺囑全文以打字方式為之，而非由代筆人親自執筆，即違反法定方式，依《民法》第七十三條規定，應為無效，業經本部 75 年 11 月 25 日法 75 律字第一四三四二號函解釋有案。

㈦司法院第五期公證實務研討會

1.問 題

繼承人甲，於父死亡後，持父生前所為之代筆遺囑，向某銀行領取遺囑內所列甲應繼承之存款，詎料該銀行以遺囑真實性無憑，不予付款，囑甲向法院公證處辦理公（認）證後再來提領，甲邀同該遺囑之見證人前來法院請求認證，是否可以辦理？

2.討論意見

⑴甲 說：

《民法》第一千一百八十九條所列遺囑，除公證遺囑、密封遺囑屬於公證人之職權，其餘遺囑，請求認證為法所許，惟遺囑係生前所為，性質上不許代理之法律行為，故遺囑人死亡後任何人提出請求遺囑之公證或認證，應為法所不許，是以甲等之請求，應不准允。

⑵乙 說：

甲邀同原遺囑見證人請求認證該代筆遺囑，查該遺囑既係該見證人等親自作成，今當公證人面前承認原代筆遺囑上之簽名及蓋章，核與《公證法》第四十六條（現行《公證法》第一百零一條）第一項之規定尚無不合，似應准許。

⑶研討結論：採甲說。

⑷司法院民事廳研究意見：

按遺囑應由遺囑人於生前自為之，不得由他人代理（遺囑人生前請求認證遺囑，依《公證法》第四十六條（現行《公證法》第一百零一條）第一項規定尚須由遺囑人在公證人面前當面於證書簽名或承認為其簽名）。遺囑人死亡後，由繼承人邀同該遺囑之見證人請求公證遺囑，尚有未合，不應准許。至僅由見證人請求認證其代筆遺囑上之簽名及蓋章，自無不可。

㈧司法院第七期公證實務研討會

1.問　題

代筆遺囑於遺囑人死亡後，由代筆人及見證人請求就其自己簽名蓋章部分認證，可否受理？

2.討論意見

⑴甲　說：

可以受理。依《公證法》第四十六條規定（現行《公證法》第一百零一條），公證人認證私證書，應使當事人當面於證書簽名或承認為其簽名，並於證書內記明其事由，即已足夠。故代筆人及見證人請求認證自己簽名蓋章，得就該部分予以認證。

⑵乙　說：

不可以受理認證。遺囑之主體為遺囑人，遺囑人既已死亡，不能到場認證，該遺囑即不得再行認證，以防止代筆人或見證人串謀不法。

⑶丙　說：

可以受理。但應加註僅認證簽名部分，就遺囑內容是否真正，則不予審認。

⑷研討結論：採丙說。

五、代筆遺囑之得失

代筆遺囑在實務上常見的錯誤包括：⑴以打字代手寫遺囑；⑵未記載立遺囑的年、月、日；⑶遺囑人或見證人以蓋章代簽名；⑷見證人不足三位;⑸為記載代筆人姓名，以上錯誤只要符合其一，該份遺囑便不能生效❼⓿。

代筆遺囑制度，在外國法制上尚未多見。因不由公證人作成，故不能完全保持遺囑人之自由意思。見證人尤其代筆見證人，左右遺囑人之意思，概可預見。然因吾國國情，公證制度尚未普遍實施，故特設此種方式，俾

❼⓿　周信宏，〈生死學第一章──預立遺囑〉，《消費者報導》，第 246 期，2001 年
　　10 月，p. 28。

求其簡便易行也**❼**。

六、代筆遺囑範例

遺　囑

　　立遺囑人甲，民國〇〇年〇〇月〇〇日出生，身分證字號〇〇〇〇〇〇〇〇〇〇，戶籍地為〇〇市〇〇路〇〇巷〇〇號〇〇樓，此遺囑乃經本人口述遺囑內容，由見證人兼代筆人乙筆記，見證人丙及丁的見證下宣讀、講解後，再經過本人認可如下所述：

㈠以下不動產由本人之配偶〇〇〇繼承，但須繼續繳納〇〇銀行貸款

1.土地坐落〇〇市〇〇區〇〇段〇〇小段〇〇地號，地目〇〇，面積〇〇平方公尺，權利範圍〇〇，〇〇年度每平方公尺公告現值〇〇〇〇〇，遺產價值〇〇〇〇〇元整。

2.建物門牌〇〇市〇〇區〇〇街（路）〇〇段（巷）（弄）〇〇號（樓）〇〇〇建號，稅籍號碼〇〇〇〇〇，面積〇〇平方公尺，附屬建物面積〇〇平方公尺，權利範圍〇〇，遺產價值〇〇〇〇〇元整。

㈡以下存款、債權與債務由本人之長子〇〇〇繼承

1.存款：〇〇郵局帳號〇〇〇〇〇，遺產價額〇〇〇〇〇萬元整。

2.債權：〇〇〇人〇〇〇〇〇所在地，積欠本人〇〇〇〇〇元，遺產價額〇〇〇〇〇萬元整。

3.債務：本人向〇〇〇私人借貸新臺幣〇〇〇萬元整，由郵局存款中歸還。

㈢以下股票、黃金與珠寶鎖在〇〇銀行保險箱，由本人之長女〇〇〇繼承

1.股票（份）獨資合夥出資：〇〇股份有限公司，面額〇〇，數量〇〇〇〇，遺產價額〇〇〇〇〇元整。

2.黃金、珠寶：〇〇兩黃金、〇〇珠寶，數量〇〇，遺產價額〇〇〇〇〇元整。

㈣以下投資型基金與互助會由本人之次子〇〇〇繼承

1.本人向〇〇人壽保險股份有限公司購買〇〇投資型基金，金額新臺幣〇

---

❼　戴炎輝，戴東雄合著，前揭書《中國繼承法》，p. 256。

　　○○○○○○元整。

2.互助會由鄰人會首○○○發起，互助會成員共有20人，有互助會單可查證，自從○○年○○月○○日起尚有活會10期尚未完成。

㈤以下現金信託給○○銀行作為長期照顧本人之次女○○○繼承

　　本人在○○信託商業銀行帳號○○○○○，遺產價額○○○○○○○萬元整，每月提撥新臺幣○萬元，作為次女○○○於財團法人○○教養院之教養費用。

㈥遺　　願

1.生前長子○○○因開店營業所贈與新臺幣○○○萬元整、長女○○○因結婚所給予嫁妝新臺幣○○○萬元整及次子○○○因購屋分居在外所贈與新臺幣○○○萬元整，一律不計算在歸扣於應繼財產中，在此特別聲明。

2.請以海葬與基督教方式處理後事，將部分骨灰直接拋灑在大海上以完成我環遊世界的夢想。

立遺囑人：○○○

身分證字號：○○○○○○○○○○

住址：○○○○○○○○○○

見證人兼筆記、宣讀及講解人：○○○

身分證字號：○○○○○○○○○○

住址：○○○○○○○○○○

見證人：○○○

身分證字號：○○○○○○○○○○

住址：○○○○○○○○○○

見證人：○○○

身分證字號：○○○○○○○○○○

住址：○○○○○○○○○○

中　華　民　國　○○　年　○○　月　○○　日

實　例 ▶▶▶

(一)被繼承人甲有配偶乙，子女共有三人丙、丁、戊，於74年3月29日所立代筆遺囑，由己、庚、辛三人為見證人，並由己為代筆人，惟該遺囑除由甲簽名蓋章，己簽名於代筆人及見證人欄，辛簽名於見證人欄外，另見證人庚姓名為己所代簽，庚僅於其名下畫圈及於左側捺指印，並未親自簽名，請問該代筆遺囑是否發生效力？

(二)因庚已死亡，由見證人己、辛立具證明書為補正，並提出其二人於84年11月6日所立證明書為證，請問該代筆遺囑可否因事後補正而發生效力？

(三)雖然遺囑內容中表示將土地遺贈予丙，但嗣後即被政府徵收土地並發補償費九百萬給丙、丁、戊。丙可否對其他丁、戊法定繼承人主張取得各該土地補償金部分為不當得利？(參考最高法院八六年臺上字第九二一號民事裁判)

解析

(一)遺囑之內容通常均涉及重要事項，利害關係人每易產生爭執，為確保遺囑人之真意，並防止事後之糾紛，《民法》乃規定遺囑為要式行為，必須依一定方式為之，始生效力（我國《民法》第一千一百八十九條參照）。關於代筆遺囑依我國《民法》第一千一百九十四條規定應由見證人全體及遺囑人同行簽名，遺囑人不能簽名者，應按指印代之，見證人則特別規定須以簽名為之，排除我國《民法》第三條第二項蓋章代簽名、第三項以指印、十字或其他符號代簽名，在文件上經二人簽名證明等方式之使用。本件系爭代筆遺囑三名見證人之一——庚未在遺囑文件上簽名，自不生見證效力。庚所為畫圈、按指印自難認與簽名生同等之效力，該

代筆遺囑欠缺見證人全體與遺囑人同行簽名之要件，依法不生效力。

㈡庚及遺囑人甲均已死亡，已無從為同行簽名之補正，系爭遺囑自屬無效，無從再於代筆遺囑同行簽名，此項要式行為之欠缺，尚非可由見證人己、辛嗣後出具證明書補正。

㈢繼承人自繼承開始時，承受被繼承人財產上一切權利義務，各繼承人對於遺產全部取得公同共有之物權（我國《民法》第一千一百四十八條、第一千一百五十一條參照），亦即當然發生物權變動之效力；而遺贈固亦於繼承開始時生效，惟受贈人僅取得請求交付遺贈物之債權，尚不當然發生物權變動之效力（我國《民法》第一千二百零二條、第一千二百零八條參照）。本件遺囑人縱有將財產遺贈於丙，丙僅得依法向其他法定繼承人丁、戊請求交付遺贈物，丁、戊法定繼承人不生不當得利之問題。而政府徵收土地所發補償費，本應歸屬土地所有人取得，丁、戊法定繼承人本於土地所有人之地位領取地價補償金，亦非不當得利。

▶ 第五項　口授遺囑 ◀

一、總　說

　　口授遺囑 (testamentum nuncupativum, testament en la forme orale, mundliches Testament, oral or nuncupative will)，謂遺囑人因生命危急或其他特殊情形不能依其他方式為遺囑時，所為之略式遺囑。對於前述普通方式之遺囑，稱為特別方式之遺囑或緊急遺囑。何種情形，得依特別方式為遺囑，立法例上並不一致。有採列舉主義者，例如德國《民法典》分為：鄉鎮長前之緊急遺囑（第二千二百四十九條）、特殊情事之緊急遺囑（第二千二百五十條）、海上遺囑（第二千二百五十一條）、法國《民法典》分為：軍人遺囑（第九百八十一條以下）、隔絕地遺囑（第九百八十五條以下）、海上遺囑（第九百八十八條以下）、外國遺囑（第九百九十九條以下）；日本《民法典》分為：危急時遺囑，更分為：因疾病或其他事由而瀕臨死亡

者之遺囑（第九百七十六條），因船舶遇難瀕臨死亡者之遺囑（第九百七十九條），隔絕地遺囑（第九百七十七條、第九百七十八條）；有採例示的概括規定者，例如瑞士《民法典》規定因生命危急、交通阻絕、傳染病或戰爭等非常狀態，致不能依其他方式為遺囑者，得作成口授遺囑處分（第五百零六條）；韓國《民法典》規定因疾病或其他急迫情事，不能依其他方式時，得為口授遺囑（第一千零七十條）。

　　我國《民法》規定遺囑人因生命危急或其他特殊情形，不能依其他方式為遺囑者，得為口授遺囑（我國《民法》第一千一百九十五條），乃仿傚瑞士《民法典》之立法例也。口授遺囑在舊法上僅有筆記口授遺囑之方式，新法為因應實際需要，特參考韓國《民法典》第一千零六十七條之立法例，增設錄音口授遺囑之方式❷，其立法理由：錄音已為現代生活中常用之記錄方法，口授遺囑使用錄音予以記錄，最為便捷，此在遺囑人臨危之際尤屬有此必要，爰將本條原第一項文字予以修正，並將第二項首句「口授遺囑應」等五字刪除，改列第一款，另增設第二款，明定錄音遺囑之方式❸。我國《民法》第一千一百九十五條規定：「遺囑人因生命危急或其他特殊情形，不能依其他方式為遺囑者，得依下列方式之一為口授遺囑：一由遺囑人指定二人以上之見證人，並口授遺囑意旨，由見證人中之一人，將該遺囑意旨，據實作成筆記，並記明年、月、日，與其他見證人同行簽名。二由遺囑人指定二人以上之見證人，並口述遺囑意旨、遺囑人姓名及年、月、日，由見證人全體口述遺囑之為真正及見證人姓名，全部予以錄音，將錄音帶當場密封，並記明年、月、日，由見證人全體在封縫處同行簽名」。

二、口授遺囑之要件及方式

(一)要　件

---

❷　陳棋炎，黃宗樂，郭振恭合著，前揭書《民法繼承新論》，p. 339。

❸　司法院第一廳主編，前揭書《民法親屬繼承編及其施行法修正條文暨說明》，pp. 193–194。

　　依我國《民法》第一千一百九十五條規定，得作成口授遺囑之要件，為遺囑人因生命危急，或因其他特殊情況，不能依其他方式為遺囑。此係採取概括主義者（參閱瑞士《民法典》第五百零六條）。生命危急，例如：因重病急病，生命有危險；從軍中，因病或傷，致生命有危險；乘船艦在海中，遭遇危難等是。其他特殊情形，例如：在傳染病地帶，因行政處分，以致交通斷絕；航海或從軍等是❼❹。

(二)方　　式

　　口授遺囑方式有下列兩種❼❺：

1.筆記口授遺囑（我國《民法》第一千一百九十五條第一款）

(1)須指定二人以上見證人。此與代筆遺囑比較時，減少一人。

(2)須遺囑人口授遺囑之意旨。此要件，與代筆遺囑之口述同，須以言語口述之。故對方之詢問，遺囑人點首或搖首，或啞者以手勢表示等舉動，均不得謂為口授❼❻。因倘不作如此解釋，不足以防止流弊也。

(3)須由見證人中之一人，將該遺囑意旨，據實作成筆記。在代筆遺囑，須代筆見證人為筆記、宣讀、講解，並須經遺囑人之認可；而在口授遺囑，只見證代筆人據實作成筆記即可❼❼。

(4)須記明年月日，由執筆見證人與其他見證人等同行簽名。在代筆遺囑，除代筆人、見證人簽名外，尚須遺囑人簽名或按指印；而在口授遺囑則否。因此，口授遺囑能否確保其真實，尚屬疑問❼❽。

2.錄音口授遺囑（我國《民法》第一千一百九十五條第二款）

　　錄音為現代生活中常用之記錄方式，以錄音記錄口授遺囑最為便捷，且在遺囑人臨危之際，尤有必要，故本法修正時特增設錄音口授遺囑一款。

---

❼❹　戴炎輝，戴東雄合著，前揭書《中國繼承法》，p. 257。

❼❺　戴炎輝，戴東雄合著，前揭書《中國繼承法》，pp. 257–258。

❼❻　中川善之助著，《註釋相續法》上冊，有斐閣，昭和31年2月初版，p. 258。

❼❼　胡長清著，《中國繼承法論》，商務印書館，1970年9月第三版，p. 201。

❼❽　羅鼎著，前揭書《民法繼承》，p. 197。胡長清著，前揭書《中國繼承法論》，p. 201。

惟須具備下列要件 ：

(1)須指定二人以上見證人。此與筆記口授遺囑同。

(2)須遺囑人口授遺囑之意旨，遺囑人姓名及年、月、日。遺囑人口授遺囑意旨，與前述筆記口授遺囑同。至口授遺囑人之姓名及年月日，為辨別何人何時口授也。蓋錄音口授遺囑，遺囑人不能亦不須簽名之故。

(3)由見證人全體口述遺囑之為真正及見證人姓名。錄下見證人之聲音，以證明有見證人在場。

(4)全部予以錄音。錄音口授遺囑之方式，自以錄音方式為之，此與筆記口授遺囑，由代筆見證人筆記者不同。至錄音之方式，同條僅言錄音帶，但解釋上，無論以錄音帶或其他留聲片，均無不可。

(5)將錄音帶當場密封並記明年、月、日。此乃防止錄音帶內容為他人增略竄改。

(6)由見證人全體在封縫處同行簽名。由見證人全體簽名，以示該錄音遺囑為立遺囑人所立之無誤。

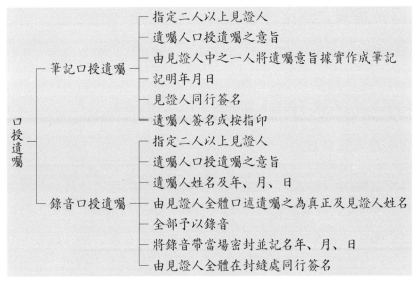

圖七　口授遺囑之要件

---

❼❾　戴炎輝，戴東雄合著，前揭書《中國繼承法》，pp. 258–259。

三、口授遺囑之有效期間

　　口授遺囑，自遺囑人能依其他方式為遺囑之時起，經過三個月而失其效力（我國《民法》第一千一百九十六條）。口授遺囑，乃出於不得已之情事，遺囑人不能依其他方式為遺囑時所認許之略式遺囑，然因情況危急或特殊，方式取其簡便易行，能否確保遺囑之真正確實，不無疑問。因此各國法例大都設有口授遺囑之有效期間（法國《民法典》第九百八十四條：六個月；德國《民法典》第二千二百五十二條第一項：三個月；瑞士《民法典》第五百零八條：十四日；日本《民法典》九百八十三條：六個月）。因三個月期間之經過，口授遺囑在法律上當然失其效力，無須經遺囑人撤回。遺囑人依特別方式為遺囑後，或因疏忽或無法律知識，而未再依普通方式另為遺囑者，經過三個月之期間，即一律無條件的失其效力，在立法論上是否妥當，似有待商榷 ❽❶。在得為口授遺囑之情形下，仍依普通方式為遺囑者，則無有效期間之限制，固不待言。

四、口授遺囑之認定

　　口授遺囑，應由見證人中之一人或利害關係人，於為遺囑人死亡後三個月內，提經親屬會議認定其真偽。對於親屬會議之認定如有異議，得聲請法院判定之（我國《民法》第一千一百九十七條）。

(一)認定制度之立法理由

　　口授遺囑，因成立於倉猝之間，而其方式又簡略，一方面難保遺囑人之真意；他方面，恐事後勾串作弊，《民法》為確保遺囑之真實，乃仿日本法之立法例（日本《民法典》第九百七十六條第二項、第九百七十九條第二項），設口授遺囑之認定制度。其與日本《民法典》不同者，在日本《民法典》將認定之權委於法院，而我國《民法》則以之付於親屬會議。在日

---

❽❶　戴炎輝，戴東雄合著，前揭書《中國繼承法》，p. 229；陳棋炎，黃宗樂，郭振恭合著，前揭書《民法繼承新論》，p. 234；史尚寬著，前揭書《繼承法》，p. 426。

本《民法典》於作成遺囑後一定期間內不論遺囑人是否死亡均應即請求認定，而在我國《民法》則惟於遺囑人死亡後始得為之❸。

（二）認定之意義及性質

　　認定，謂初步的確定遺囑究竟是否出於遺囑人之真意，而非終局的確定遺囑之效力。

1.認定為口授遺囑之有效要件，如未經認定，則原已有效成立之遺囑，亦不生效力，然不因認定而使原應無效之遺囑成為有效❸。

2.親屬會議得該遺囑係出於遺囑人真意之心證時，即得為遺囑真實之認定❸。

3.所謂認定，係指確定口授遺囑之真偽而言，亦即審查口授遺囑是否出於遺囑人之真意。此項認定，並非終局的確認遺囑有效或無效，故親屬會議經調查結果，如該遺囑確係出於遺囑人之真意時，縱然欠缺法定方式，或見證人未親自簽名，乃至其內容違反強制禁止之規定，或違反公序良俗，亦應認定為真正。又親屬會議不能召開或召開有困難，由有召集權人依《民法》第一千一百三十二條之規定，聲請法院認定口授遺囑之真偽時，僅係由法院處理依法應經親屬會議處理之事項，則法院亦應僅止於該遺囑是否出於遺囑人之真意為認定。（臺灣高等法院民事裁定86年度家抗字第86號）

4.口授遺囑之認定，與遺囑之提示（我國《民法》第一千二百十二條），其性質不同❸。

❸　陳棋炎，黃宗樂，郭振恭合著，前揭書《民法繼承新論》，p. 342。

❸　胡長清著，前揭書《中國繼承法論》，p. 202；羅鼎著，前揭書《民法繼承》，p. 199；陳棋炎，黃宗樂，郭振恭合著，前揭書《民法繼承新論》，p. 235；史尚寬著，前揭書《繼承法》，p. 428。

❸　胡長清著，前揭書《中國繼承法論》，p. 202；羅鼎著，前揭書《民法繼承》，p. 199；史尚寬著，前揭書《繼承法》，p. 428。戴炎輝，戴東雄合著，前揭書《中國繼承法》，p. 230；陳棋炎，黃宗樂，郭振恭合著，前揭書《民法繼承新論》，p. 234。

⑴提示，係確定遺囑之形式及其他狀態，以防止日後之偽造或變造，確實加以保存為其目的；反之，認定，係確定遺囑之真偽。

⑵認定，係關於遺囑之內容；而提示，則關於遺囑之外形。

㈢口授遺囑認定之程序

1. 認定程序如次：由見證人中之一人（不問其為代筆見證人與否），或利害關係人（例如遺產酌給請求權人，繼承人或受遺贈人等），於立遺囑人死亡後三個月內，提經親屬會議認定。有學者認為若因法定期間之經過，而使其遺囑成為無效，實有違背遺囑人之真意。因此在法律規定並不周全之情形下，若客觀上無法於遺囑人死亡後三個月內提經親屬會議認定其真偽時（如遠洋漁船之船員在船上死後三個月後返抵國內），應不受該期間之限制。縱已過請求認定期間，若毫無遲滯的請求認定時，仍應予以認定，就屬妥當❽。

2. 對親屬會議之認定，如有異議時，得聲請法院予以判定。其得聲請異議之期間，為親屬會議決議後三個月內（我國《民法》第一千一百三十七條）。

3. 管轄法院，應參閱我國《民事訴訟法》第十八條第一項規定。此項聲請判決之程序，應解為通常民事訴訟之一種，不屬於非訟事件❽。

4. 按口授遺囑應由見證人中之一人或利害關係人於為遺囑人死亡後三個月內提經親屬會議認定之，又親屬會議不能召開或召開有困難時，依法應經親屬會議處理之事項，由有召集權人聲請法院處理之，《民法》第一千一百九十七條、第一千一百三十二條第二項定有明文。復按聲請法院確

---

❽ 戴炎輝，戴東雄合著，前揭書《中國繼承法》，p. 260。

❽ 林秀雄，〈口授遺囑之認定〉，《臺灣本土法學》，第 58 期，2004 年 5 月，p. 159。

❽ 戴炎輝，戴東雄合著，前揭書《中國繼承法》，p. 230；陳棋炎，黃宗樂，郭振恭合著，前揭書《民法繼承新論》，p. 235；史尚寬著，前揭書《繼承法》，p. 430。以上學者採訴訟事件說。胡長清著，前揭書《中國繼承法論》，p. 202，採非訟事件說。

認遺囑真偽以代親屬會議決定之期間,仍受遺囑人死亡後三個月之限制,此從法條文意觀之即明。(臺灣高等法院民事裁定 88 年度家抗字第 40 號)

五、口授遺囑並無轉換為代筆遺囑

遺囑須依一定之方式為之,不合一定之方式者,除《民法》第一千一百九十三條所定密封遺囑轉換為自書遺囑外,不生遺囑之效力。若提出之遺囑載明為「口授遺囑」,而口授遺囑並無轉換為代筆遺囑之規定,《民法》第一百十二條係無效法律行為轉換之一般規定,非可適用於有特別轉換規定之遺囑行為自無從轉換為代筆遺囑。吳○平於 80 年 6 月 10 日於三軍總醫院作成,載明「口授遺囑」,「立遺囑人吳○平」之遺囑,其見證人為陳○廉、于○雄、陳○英、廖○智,代筆人為尤○繽。該遺囑之見證人與代筆人既非同一人,自不合於《民法》第一千一百九十四條「使見證人中之一人筆記」之代筆遺囑成立要件與《民法》第一千一百九十五條「由見證人中之一人,將該遺囑意旨據實作成筆記」。該遺囑尚無從成為口授遺囑亦無轉換為代筆遺囑之可能。

六、司法解釋及判例

(一)司法院院解字第 3120 號

收養者生前如確有收養其妻與前夫所生之子為其子之意思表示,而被收養者之年齡又在七歲以下,自可認為有效。至收養者以口授遺囑收養子女,如具備法定方式,即非無效。

(二)最高法院 29 年抗字第 10 號判例

《民法》第一千一百三十七條所謂向法院申訴係指提起不服之訴而言,法院對此項聲訴之裁判,自應依民事訴訟法所定判決程序辦理,不得以裁

定行之。

㈢臺灣高等法院 63 年法律座談會

1.問　題

甲因車禍受重傷，生命危急，乃以口授遺囑將房屋一棟贈與乙，乙因甲死亡後三個月內，擬依《民法》第一千一百九十七條規定，將遺囑提經親屬會議認定其真偽。惟因甲單身在臺灣，無親屬，不能依《民法》第一千一百二十九條規定召集親屬會議，法院亦無從依《民法》第一千一百三十二條規定指定親屬會議成員。遇此情形，甲之口授遺囑，是否仍須經認定真偽之程序，使生效力？

2.討論意見

⑴甲　說：

甲在臺灣無親屬，不能召集親屬會議，法院亦無從指定親屬會議成員，情形特殊，甲之口授遺囑自不必經認定真偽之程序，即發生效力。如嗣後對遺囑之真偽有爭執時，再依《民事訴訟法》第二百四十七條規定，提起確認遺囑（證書）真偽之訴。

⑵乙　說：

口授遺囑提經親屬會議認定真偽，為該遺囑生效要件，惟因甲在臺灣無親屬，不能召集親屬會議，法院亦無從指定親屬會議成員，情形特殊，為保障乙之權益，自得由該口授遺囑之見證人或利害關係人，逕聲請法院判定遺囑之真偽。

⑶結　論：

本問題僅因遺囑人所有親屬不足組成親屬會議，發生困難，可依最高法院 24 年上字第 1413 號判例，法院因有召集權人之聲請，以裁定代親屬會議之決議，認定其遺囑之真偽。

⑷研究意見：

同意（司法行政部 64 年 7 月 30 日臺⑹函民字第 03726 號函）。

七、口授遺囑範例

遺　囑

　　立遺囑人林○○，民國○○年○○月○○日出生，身分證字號○○○○○○○○○○○，戶籍地為○○市○○路○○巷○○號○○樓，本人因生命危急無法用其他方式為遺囑時，請見證人○○○據實作成筆記：

（一）以下存款由本人之長子○○○繼承

　　本人在○○銀行○○分行有新臺幣○○○○○萬元存款。

（二）以下黃金、珠寶由本人之長女○○○繼承

　　本人放置於○○銀行保險箱中有○○兩黃金、○○珠寶，數量○○。

（三）以下現金捐贈○○文化教育基金會

　　本人在○○郵局帳戶內尚有新臺幣○○○○○○○萬元整，捐贈給○○文化教育基金會作為獎助清寒學生之用途。

（四）遺　願

　　請以火葬與佛教方式處理後事，並將骨灰罈放置於已故愛妻○○○靈骨塔位身旁，期盼來生再相聚。

立遺囑人：林○○

身分證字號：○○○○○○○○○○

住址：○○○○○○○○○○

見證人兼筆記人：○○○

身分證字號：○○○○○○○○○○

住址：○○○○○○○○○○

見證人：○○○

身分證字號：○○○○○○○○○○

住址：○○○○○○○○○○

中　華　民　國　○○　年　○○　月　○○　日

實　例 ▶▶▶

　　甲為榮民，於87年1月返回大陸青田縣老家探親，因心臟病發，自知將不起，即於87年1月25日口授遺囑內容，由胞兄乙、胞姐丙及青田縣臺聯會丁為見證人，戊為在場之記錄人，並請臺北市青田縣同鄉會總幹事己為遺囑執行人等情，當場由戊作「遺囑書紀錄」，但未列為見證人，其遺產除支用喪葬費一百五十萬元，及胞兄乙、胞姐丙依法限額繼承外，其餘捐贈臺北市青田縣同鄉會，設置「文教基金會」，作為文化教育之用。甲於87年1月28日死亡，並於同年2月12日召開親屬會議審認口授遺囑為真正無異。口授遺囑列有利害關係之繼承人乙、丙為見證人，及依此召開親屬會議之成員，因有不符我國《民法》規定之瑕疵，經輾轉通知補正，復於90年2月20日由合法之親屬會議成員，召開親屬會議補正追認甲之口授遺囑，將口授遺囑中之見證人，除別除乙及丙二人外，原已列丁為見證人，戊雖口授遺囑在場之記錄人，縱未明載戊為見證人，實因不明我國《民法》規定之所致，解釋上應認口授遺囑記錄人之戊，亦為該遺囑之見證人。（參考臺灣南投地方法院91年度訴字第520號民事判決）試問：

㈠戊作「遺囑書紀錄」是否符合口授遺囑之法定要件？

㈡親屬會議補正口授遺囑之法定要件是否有效？

解析

㈠直系血親不得為遺囑見證人

　　依據《民法》第一千一百九十五條規定，該口授遺囑意旨，應由見證人中之一人，將該遺囑意旨，據實作成筆記，並記明年、月、日，與其他

見證人同行簽名，以資證明有該口述遺囑存在。且遺囑見證人之乙、丙係受遺贈人即原告之直系血親，依《民法》第一千一百九十八條第四款規定不得為遺囑見證人。縱使有此口授遺囑存在，因本件甲之口授遺囑之見證人僅餘丁一人，與《民法》第一千一百九十五條規定口授遺囑之法定要件不合，前揭甲於 87 年 1 月 25 日所立之口授遺囑應為無效。

㈡後親屬會議無從函癒前會議瑕疵

　　口授遺囑依《民法》第一千一百九十七條規定，應由見證人中之一人或利害關係人於為遺囑人死亡後三個月，提經親屬會議認定其真偽，對於親屬會議之認定如有異議，得聲請法院判定之。因甲於 87 年 1 月 28 日死亡，該遺囑至遲應於 87 年 4 月 28 日前提經親屬會議認定真偽，惟至遲至 90 年 2 月 20 日始由親屬會議加以認定，遠逾《民法》第一千一百九十七條之法定三個月之不變期間，該遺囑應失其效力，再 90 年 2 月 20 日所召開之親屬會議係「補正」87 年 2 月 12 日前次親屬會議之瑕疵，後親屬會議無從函癒前會議瑕疵。

表六　我國遺囑種類一覽表

遺囑方式	法定要式行為	公證人	見證人	簽名或按指印	無效遺囑	備註及分析
自書遺囑	1.遺囑人須親自書寫遺囑全文。 2.載明立遺囑時之年月日。 3.遺囑人親自簽名。 4.若有增減塗改，需註明增減塗改處所及字數，另行簽名。	0	0	1.務須親筆簽名。 2.不能使用蓋章或按指印代替之。	1.採用印刷排版、自書再影印、電腦打字或請人用毛筆代謄後，再親自簽名者，都無效。 2.沒有年月日或使用圖章、按指印也是無效遺囑。	1.深具隱私性，完全不需借用外力，自主性很高。 2.雖有筆跡認、鑑定之顧慮，但科學鑑定之精確性倒可放心。 3.若有增修改之遺囑，最好是重新寫過，以免有紛爭疑慮。 4.若與新立遺囑有牴觸時，自然就淘汰舊立遺囑，故而遺囑是採取

						最新、最近訂立之遺囑為依歸。
公證遺囑	1.指定二人以上見證人。 2.在公證人前遺囑人口述遺囑意旨。 3.由公證人筆記、宣讀、講解。 4.經遺囑人認可後，載明年月日。 5.公證人、見證人、遺囑人於封面同行簽名。	1	2	1.遺囑人不能簽名，由公證人記明事由，按指印代替之。 2.民法第三條印章代簽名之規定不適用，故不能使用印章。	1.遺囑人須用口述，不能以手語或書面表示遺囑意旨，否則遺囑無效。 2.公證人需宣讀、講解，不能用閱讀代替之，不然此公證遺囑亦無效。	1.無隱密性，需繳納公證費用。 2.遺囑人、見證人偕同到地方法院公證處辦理。 3.無公證人之地，得請法院書記官行之或僑民得在領事館請領事做公證人，請求公證遺囑。 4.他國法院作成遺囑視為代筆或自書遺囑，而非公證遺囑。
密封遺囑	1.遺囑人於遺囑上簽名後，將其密封。 2.於封縫處簽名，指定二人以上見證人。 3.向公證人提出，陳述其為自己遺囑。 4.由公證人於封面記載遺囑提出之年月日及遺囑人所為之陳述（含非自己書寫應載繕寫人姓名住所）。 5.公證人、見證人、遺囑人於封面同	1	2	1.遺囑人須在遺囑上、封縫處及封面等三處簽名。 2.不能使用印章或按指印代之。	1.遺囑人須在三處簽名，若缺少一處簽名，則遺囑無效。 2.若非自己書寫遺囑，務須陳述繕寫人姓名住所，並請公證人記明於封面上，否則無效。	1.無隱密性，須繳納公證費用。 2.遺囑人、見證人偕同到地方法院公證處辦理。 3.無公證人之地，得請法院書記官行之或僑民得在領事館請領事做公證人。 4.若不具備密封遺囑之要件，但具有自書遺囑之方式者，具自書遺囑之效力。 5.注意密封遺囑，開視之法定要件。

	行簽名。					
代筆遺囑	1.指定三人以上之見證人。 2.遺囑人口述遺囑要旨。 3.見證人中一人筆記、宣讀、講解。 4.遺囑人認可後記明年月日及代筆人之姓名。 5.見證人全體及遺囑人同行簽名。	0	3	1.遺囑人不能簽名,可按指印代替之。 2.民法第三條印章代簽名之規定不適用,故不能使用印章。	1.代筆人非見證人中之一人,則此遺囑無效。 2.代筆人需見證人中之一人,且具備筆記,宣讀、講解之任務。若代筆人與宣讀、講解的人非同一人,其遺囑亦為無效。 3.代筆人非親筆書寫,亦無效。	1.完全公開,毫無隱私性。 2.遺囑人只須口述其意旨,並在最後簽名或按指印,交由專業代理人或律師代勞,應該較輕鬆、方便。 3.需付費給專業代理人或律師之代筆費用(5,000~10,000元,不含見證人)。 4.不須自己動筆,更不必擔憂核對筆跡之麻煩。
口授遺囑	筆記口授遺囑 1.指定二人以上之見證人。 2.遺囑人口授遺囑意旨。 3.見證人中一人將意旨據實作成筆記並載明年月日。 4.見證人同行簽名。	0	2	1.遺囑人不須簽名或按指印。 2.筆記口述遺囑之見證人須在遺囑上簽名。 3.錄音口授遺囑之全體見證人須在密封的密縫處簽名。	1.口授遺囑需遺囑人經有口授意旨之行為,不能由見證人或對方詢問而以點頭或搖頭表示,此遺囑係屬無效。 2.筆記口授遺囑不須經由見證人宣讀、講解或遺囑人認可才生效力。除非筆記口授遺囑欠缺年月日或簽名,或是錄音口授遺囑之錄音帶沒	1.當生命危急或其他特殊情形(如山難、航海……等)不能依其他方式為遺囑者,才用口授遺囑。 2.口授遺囑,自遺囑人能依其他方式為遺囑時起,經過三個月失其效力。 3.口授遺囑應由見證人中之一人或利害關係人,於遺囑人死亡後三個月內,提經親屬會議認其真偽。 4.攝影機具備有錄音及錄影雙重功能,更具有其真實性,故具備其
	錄音口授遺囑 1.指定二人以上之見證人。 2.遺囑人口授遺囑姓名、遺囑意旨及年月日。 3.見證人全體口述遺囑之為真正及見	0	2			

證人姓名全部予以錄音。 4.將錄音帶當場密封,記明年月日,由見證人全體在封縫處同行簽名。			有當場密封簽名,才會失其效力。 3.有言語障礙不能發聲者,自不能有口述程序,故上述之口授、代筆、公證遺囑均為無效。	效力。 5.筆記口授、公證、代筆遺囑,為求謹慎起見,可以複寫或影印給各見證人一份,正本交給當事人。且每一份皆請親自簽名(加上圖章更佳)或按指印。 6.筆記係指由見證人之一親自執筆,不得使他人為之。

資料來源: 何兆龍著,《尊嚴與心願——遺囑》,基準企業管理顧問股份有限公司,1998 年 8 月初版, p. 54。

▶ 第六項　世界各國遺囑的方式之比較與我國修法之建議 ◀

　　世界各國的立法對於遺囑的方式一般均有明文規定,但是由於各國的習慣、風俗不同,訂立遺囑的方式也各有不同,有的國家的遺囑方式種類繁多,每種方式訂立的程序、規格又都有具體要求,如日本、法國、德國等;有的國家對遺囑的方式規定得很原則、很簡單,如捷克斯洛伐克。下面分別將幾個主要國家《民法典》中規定的遺囑方式做比較[87]:

表七　世界各國遺囑方式之比較

國　家	方　式
前蘇聯	公證遺囑、緊急遺囑、他人簽署的遺囑
捷克斯洛伐克	親筆遺囑、公證遺囑
匈牙利	公開遺囑、書面遺囑、私人遺囑、口頭遺囑
日　本	自筆證書遺囑、公證證書遺囑、祕密證書遺囑、死亡危急者遺囑、傳染病隔離者遺囑、在船者遺囑、船舶遇難者遺囑

---

[87]　陶希晉總編,前揭書《中國民法學・財產繼承》, pp. 378-381。

法國	自書遺囑、公證遺囑、密封遺囑、軍人遺囑、隔絕地遺囑、海上遺囑、外國遺囑
德國	自書遺囑、公證遺囑、在市鎮行政長官面前所立的緊急遺囑、特別情形緊急遺囑、海上遺囑、共同遺囑
英國	自書遺囑、見證遺囑、口授遺囑
美國	自書遺囑、見證遺囑、口授遺囑
加拿大	自書遺囑
奧地利	法院上書面遺囑及口頭遺囑；法院外的書面遺囑（自書遺囑、他書遺囑）及口頭遺囑
南斯拉夫	正規的遺囑（自書遺囑、代書遺囑、法庭遺囑和外交領事遺囑）；特殊的遺囑（見證人在場的口授遺囑、戰時動員或戰爭期間遺囑）
印度	特許的遺囑（由士兵、探險隊雇用的航空職員、處於戰爭狀態或正在出海執行任務的海員等特殊人員訂立之書面或口頭遺囑）；非特許的遺囑（書面的遺囑）
瑞士	公證遺囑、自書遺囑、口授遺囑

　　我國《民法》第一千一百八十九條規定遺囑的方式，有自書遺囑、公證遺囑、密封遺囑、代筆遺囑、口授遺囑五種。香港地區僅有自書遺囑。澳門地區有公證遺囑、密封遺囑、船舶上訂立之遺囑、海上公證遺囑、海上密封遺囑、在航空器上訂立之遺囑、公共災難時訂立之遺囑、常居於澳門之人於外地訂立之遺囑八種。而大陸《繼承法》第十七條所規定的遺囑方式也有五種，即公證遺囑、自書遺囑、代書遺囑、錄音遺囑、口頭遺囑。

表八　臺灣、香港、澳門與大陸地區遺囑方式之比較

地區＼遺囑方式	臺灣地區	香港地區	澳門地區	大陸地區
自書遺囑	應自書遺囑全文，說明年、月、日，並親自簽名。	立遺囑人簽署或由其他人在立遺囑人面前並依其指示簽署；兩名或兩名以上同時在場；簽字的位置應在遺囑的末端並有意藉該簽署賦予該遺囑效		由遺囑人親筆書寫，簽名，註明年、月、日。

		力。		
公證遺囑	指定二人以上之見證人，在公證人前口述遺囑意旨，由公證人筆記、宣讀、講解，經遺囑人認可後，記明年、月、日，由公證人、見證人及遺囑人同行簽名。遺囑人不能簽名者，由公證人將其事由記明，使按指印。		由公證員按公證法之規定而書寫之遺囑。	經公證機關辦理。
密封遺囑	應於遺囑上簽名後，將其密封，於封縫處簽名，指定二人以上之見證人，向公證人提出，陳述其為自己之遺囑，如非本人自寫，並陳述繕寫人之姓名，住所，由公證人於封面記明該遺囑提出之年、月、日及遺囑人所為之陳述，與遺囑人及見證人同行簽名。		由遺囑人書寫並簽名、或由他人應遺囑人之要求而書寫並簽名、又或由他人應遺囑人之要求而書寫並由遺囑人簽名之遺囑。 遺囑人不懂或不能簽名時，方得不在密封遺囑上簽名，但不簽名之理由須於核准書內載明。 在遺囑上簽名之人應於未載有其簽名之各頁上簡簽。 密封遺囑應由公證員按公證法之規定核准。	
代筆（代書）遺囑	由遺囑人指定三人以上之見證人，由遺囑人口述遺囑意旨，			有兩個以上見證人在場見證，由其中一人代書，註明年、月、

	使見證人中之一人筆記、宣讀、講解，經遺囑人認可後，記明年、月、日，及代筆人之姓名，由見證人全體及遺囑人同行簽名，遺囑人不能簽名者，應按指印代之。			日，並由代書人，其他見證人和遺囑人簽名。
口授（口頭）遺囑	遺囑人因生命危急或其他特殊情形，不能依其他方式為遺囑者，得依下列方式之一為口授遺囑：一由遺囑人指定二人以上之見證人，並口授遺囑意旨，由見證人中之一人，將該遺囑意旨，據實作成筆記，並記明年、月、日，與其他見證人同行簽名。二由遺囑人指定二人以上之見證人，並口述遺囑意旨、遺囑人姓名及年、月、日，由見證人全體口述遺囑之為真正及見證人姓名，全部予以錄音，將錄音帶當場密封，並記明年、月、日，由見證人全體在封縫處同行			遺囑人在危急情況下，可以立口頭遺囑。口頭遺囑應當有兩個以上見證人在場見證。危急情況解除後，遺囑人用書面或者錄音形式立遺囑的，所立的口頭遺囑無效。

簽名。			
錄音遺囑			以錄音形式立的遺囑,應當有兩個以上見證人在場見證。
船舶上訂立之遺囑			任何人得按照規定,在船舶之海上旅程中訂立遺囑。
海上公證遺囑			遺囑人應在船長及兩名見證人面前作出其意思表示。船長本人擬立遺囑時,其本人在遺囑行為中所占之上述地位,由應代其履行船長職務之人替代。遺囑經船長書寫、記明日期及高聲宣讀後,即由遺囑人、見證人及船長本人簽名;遺囑人及見證人不能簽名時,應在遺囑中載明該等人不能簽名之理由。
海上密封遺囑			遺囑人書寫遺囑並簽名後,須在兩名見證人面前將遺囑提交船長,並聲明遺囑表達其本人最後之意思;船長不得閱讀遺囑,而須在遺囑上書寫遺囑已向其提交之聲明並記明日期,而見證人及船長均須在該聲

			明上簽名。如遺囑人提出要求，則船長須在見證人仍在場下將遺囑封妥，並於作為封套之紙頁之向外一面作出註記，指出遺囑所屬之人。	
在航空器上訂立之遺囑			船舶上訂立之遺囑、海上公證遺囑、海上密封遺囑經作出必要配合後，適用於在航空器之旅程中訂立之遺囑。	
公共災難時訂立之遺囑			任何人如因身處疫症流行地或因其他公共災難而無法透過普通方式訂立遺囑，得按照海上公證遺囑、海上密封遺囑所定之程序，於任何公證員、法官或司祭面前訂立遺囑。應盡快將遺囑存放於澳門有權限之公證署。	
常居於澳門之人於外地訂立之遺囑			常居於澳門之人遵照澳門以外地方之準據法而訂立之遺囑，僅在其訂立或核准已符合對莊嚴方式之要求下，方在澳門產生效力。	

我國曾經遭遇 SARS 病毒侵害，許多被感染或疑似感染者被強制隔離，當無法與外界溝通時，可參考前蘇聯《民法典》第五百四十一條規定：「在危急、特殊情況下訂立的遺囑，如在醫院、船舶上、勘探隊、考察隊、軍隊等，凡有單位負責人證明的也與公證遺囑具有同等效力。」與日本《民法典》第九百七十七條傳染病隔離者遺囑，增定我國《民法》第一千一百九十一條之一規定：「法定傳染病患受行政命令隔離者，在司法警察官或醫生一人及證人一人以上前口述遺囑意旨，經司法警察官或醫生據實作成筆記並記明年月日，由司法警察官或醫生、證人與遺囑人同行簽名或按指印，視為公證遺囑。」

第五節　遺囑見證人

▶ 第一項　遺囑見證人之資格 ◀

在我國《民法》遺囑除自書遺囑外，均以有見證人在場為必要。見證人係證明遺囑確為遺囑人所為並出於遺囑人之真意。遺囑效力發生時，遺囑人業已死亡，則關於遺囑之成立及其內容之真意，已無法向遺囑人求證，而有待見證人證明。見證人既如此重要，自不能不對見證人之資格加以限制。各國立法，就見證人之資格，率皆設消極的限制，即可舉不適於充當見證人之人，定為見證人之缺格者（德國《民法典》第二千二百三十七條、法國《民法典》第九百八十條、瑞士《民法典》第五百零三條、日本《民法典》第九百七十四條、韓國《民法典》第一千零七十二條）。其規定之內容，雖未盡一致，然大抵皆以無識別能力人及利害關係人為見證人之缺格人。我國《民法》第一千一百九十八條之規定亦然。又公證遺囑見證人之資格，公證法設有更嚴格之限制（我國《公證法》第二十五條）**88**。

---

88 陳棋炎，黃宗樂，郭振恭合著，前揭書《民法繼承新論》，p. 309。

一、見證人之缺格者

(一)缺格者之種類

依我國《民法》第一千一百九十八條規定，見證人缺格者有兩種：絕對缺格者與相對缺格者。茲分述如下 ❽：

1. 絕對缺格者

(1)未成年人

未成年人，縱令得其法定代理人之同意，亦不得為見證人 ❾。未成年人如已結婚，是否得為見證人？有為否定者 ❿，有主張如未成年人已結婚而有行為能力，應認有見證人能力者 ⓬。我《民法》雖未採結婚成年制，但既明定未成年人已結婚者，有行為能力，自以後說為可採。又，成年以前離婚或配偶死亡者，亦應解為其後仍有見證人能力。

(2)禁治產人

此指成年人受禁治產宣告者而言。禁治產人實際上已回復常態，仍不能為見證人 ⓭。

2. 相對缺格者

(1)繼承人及其配偶或其直系血親

此所謂繼承人應解為係指遺囑成立時最優先順序之繼承人而言。

(2)受遺贈人及其配偶或其直系血親

此惟就其見證作成之遺囑而受遺贈時，有其適用，其後由同一遺囑人

❽　陳棋炎，黃宗樂，郭振恭合著，前揭書《民法繼承新論》，pp. 309–311。

❾　戴炎輝，戴東雄合著，前揭書《中國繼承法》，p. 231。陳棋炎，黃宗樂，郭振恭合著，前揭書《民法繼承新論》，p. 237。史尚寬著，前揭書《繼承法》，p. 486。

❿　戴炎輝著，前揭書《中國繼承法》，p. 231。

⓬　史尚寬著，前揭書《繼承法》，pp. 386–387。

⓭　戴炎輝著，前揭書《中國繼承法》，p. 231。陳棋炎著，前揭書《民法繼承》，p. 237。史尚寬著，前揭書《繼承法》，p. 387。

另受遺贈時，不包括在內。

(3)為公證人或代行公證職務人之同居人、助理人或受僱人

此僅就公證遺囑及密封遺囑有其通用。

(1)及(2)所舉之人因其就遺囑有密切之利害關係，故不得為見證人；(3)所舉之人，雖與遺囑無直接關係，但有知悉遺囑祕密之機會，且難免為公證人或代行公證職務人之意思所左右，故奪其見證人資格。惟此等人，僅不得為某一遺囑人之見證人而已，於限制情形外，仍得為其遺囑人之見證人。

(二)缺格者參與時之遺囑效力

1.見證人缺格之規定，對普通方式（自書遺囑除外）與特別方式之遺囑，均有適用。有問題者，密封遺囑之內容不能由外部知悉，是否亦有其適用？在我《民法》解釋上，似無特將密封遺囑之見證人自我國《民法》第一千一百九十八條除外之理由❹。

2.缺格者參與遺囑之作成時，其效力如何？應分別情形說明❺：

(1)有缺格者一人參與時，該遺囑是否必為無效？抑或將缺格者除外，仍達見證人之法定人數時，該遺囑仍為有效？雖有主張缺格者如為代筆遺囑之代筆見證人或口授遺囑作成筆記之見證人時，縱令其他見證人已達法定人數，該遺囑仍無效❻，但通說認為不必作此區別，凡除去缺格者，計算見證人之人數尚無不足，則遺囑之要件已具備，自應認其為有效；反之，則應以遺囑因成立要件之欠缺而無效❼。按代筆遺

---

❹　史尚寬著，前揭書《繼承法》，p. 387。戴炎輝著，前揭書《中國繼承法》，p. 231 同旨。

❺　陳棋炎、黃宗樂、郭振恭合著，前揭書《民法繼承新論》，p. 311。

❻　劉含章著，《繼承法》，商務印書館，1946 年 4 月初版，p. 202。

❼　胡長清著，前揭書《中國民法繼承論》，p. 204。羅鼎著，前揭書《民法繼承》，p. 201。戴炎輝著，前揭書《中國繼承法》，p. 232。陳棋炎著，前揭書《民法繼承》，p. 237。史尚寬著，前揭書《繼承法》，p. 389。

嚼或筆記口授遺囑均要求由見證人中之一人筆記遺囑意旨，若該代筆人不具備見證人之資格，則有資格之見證人中並無代筆，不符合代筆遺囑或筆記口授遺囑之要件，因此，該遺囑仍屬無效 ❾❽。

⑵受遺贈人或其配偶、或其直系血親為見證人而參與時，是否僅使對於此等人之遺贈為無效？抑應遺囑全部為無效？有主張我《民法》既無明文規定，應解為全部無效 ❾❾。我國《民法》第一千一百九十八條第四款限制之理由在於遺囑有利害關係，對於此等人以外之利害關係人，應不生影響 ❿。質言之，僅對於此等人之遺贈為無效，其他部分之遺囑仍為有效（參照德國《民法典》第二千二百三十五條第二項、瑞士《民法典》第五百零三條第三項）。

二、代筆遺囑見證人是否適用《民法》第三條第二項以印章代替簽名之規定

我國《民法》並未明文規定，但是司法實務上卻有不同的見解：

㈠肯定說

司法院㈦祕臺廳㈠字第 01247 號認為《民法》第一千一百九十四條關於見證人簽名部分，既未有如「遺囑人不能簽名者，應按指印代之」之特別規定，解釋上仍有《民法》第三條第二項規定之適用。

㈡否定說

法務部㈦法律字第 7609 號函及㈧法律字第 18566 號函認為，代筆遺囑依據《民法》第一千一百九十四條規定：「代筆遺囑……，由見證人全體及

---

❾❽　林秀雄，〈民法繼承編：第十講遺囑之方式〉，《月旦法學教室》，第 24 期，2004年 10 月，p. 58。

❾❾　戴炎輝著，前揭書《中國繼承法》，p. 233。陳棋炎著，前揭書《民法繼承》，p. 237。

❿　史尚寬著，前揭書《繼承法》，p. 389 同旨。

遺囑人同行簽名,遺囑人不能簽名者,應按指印代之。」此係法定特別要件,因之,遺囑人與見證人之簽名,應無《民法》第三條第二項得以印章代替簽名規定之適用。

㈢筆者認為

《民法》第一千一百九十四條規定為《民法》第三條第二項之特別規定,既然已經明文規定:「見證人全體及遺囑人同行簽名」,僅有「遺囑人不能簽名者,應按指印代之」之例外情形,《民法繼承編》代筆遺囑「見證人全體及遺囑人同行簽名」的法定特別要件之效力優先於《民法總則》「如有用印章代替簽名者,其蓋章與簽名生同等之效力。」

三、司法解釋

㈠司法院 26 年院字第 1628 號解釋

就遺囑執行人之消極資格有明確解釋,未成年人縱因結婚而有行為能力,仍不得為遺囑執行人,此雖係關於遺囑執行人之解釋,但於遺囑見證人之消極資格解釋上,亦可供參考。

㈡前司法行政部⑸⑷臺函民 字第 3835 號

《民法》並無限制遺囑見證人不得充任親屬會議會員之規定,本件林○皮、林○儒、林○孝三人,均屬林○鶴口授遺囑之見證人,如彼等具有親屬會議會員之身分,自得參與該親屬會議認定口授遺囑之真偽,但應注意同法第一千一百三十六條之規定。

㈢法務部⑺⑻法律字第 12147 號

按遺囑見證人之消極資格,《民法》第一千一百九十八條定有明文。在遺囑上簽名之見證人,有無上開法條所列之人,繼承人於申辦繼承登記時,應提出證明文件,俾供地政主管機關為形式審查。本件被繼承人旅外僑民

林〇田之代筆遺囑，其遺囑見證人五人，均為外國人或旅外僑民，其有關之身分證明文件，依前所述，似應由繼承人提出。如未提出，地政主管機關似得以土地登記規則第四十八條第二款及第四十九條第一項第四款之規定辦理。惟除有其他無效之原因外，仍不得以未提出見證人資格之證明文件，即謂該代筆遺囑為無效。

㈣法務部⑻法律字第 196 號

查遺囑應依法定方式為之，未依法定方式為之者，依《民法》第七十三條規定，無效。代筆遺囑，依《民法》第一千一百九十四條規定，須由遺囑人指定三人以上之見證人。公證遺囑，依《民法》第一千一百九十一條第一項規定，須在公證人前口述遺囑意旨，由公證人筆記、宣讀、講解……。又依同法第一千一百九十八條第四款規定，受遺贈人不得為遺囑見證人。本件遺囑是否具備遺囑之法定要件？其效力如何？請參考首揭說明自行認定。且其效力不因經法院公證人公證而受影響。

㈤司法院⑺祕臺廳㈠字第 01247 號

1. 按代筆遺囑，由遺囑人指定三人以上之見證人，由遺囑人口述遺囑意旨，使見證人中之一人筆記、宣讀、講解，經遺囑人認可後，記明年月日，及代筆人之姓名，由見證人全體及遺囑人同行簽名，遺囑人不能簽名者，應按指印代之，《民法》第一千一百九十四條定有明文。由該法條文義觀之，若代筆遺囑事實上業經筆記、宣讀、講解，且經遺囑人認可，並已記明年月日，及代筆人之姓名，僅未記明「經宣讀、講解及遺囑人認可」等字樣，對代筆遺囑之效力，似不生影響。

2. 依法律之規定，有使用文字之必要者，得不由本人自寫，但必須親自簽名。又如有用印章代替簽名者，其蓋章與簽名生同等之效力，《民法》第三條第一、二項分別定有明文。同法第一千一百九十四條關於見證人簽名部分，既未有如「遺囑人不能簽名者，應按指印代之」之特別規定，解釋上仍有《民法》第三條第二項規定之適用。

(六)行政法院 85 年判字第 1640 號

《民法》第一千一百九十四條對於代筆遺囑見證人全體需同行簽名已有特別規定，即無《民法》第三條第二項以印章代簽名生同等效力規定之適用，從而被告以系爭代筆遺囑未經見證人簽名，與《民法》第一千一百九十四條規定之要式要件不符，否准原告繼承登記之申請，洵無違誤。

實 例 ▶▶▶

　　已故甲於民國 80 年 4 月 16 日，由乙律師代筆書立遺囑，依甲之意旨起稿送打字，並將遺囑內容唸給甲及見證人丙及丁聽，由甲親自簽名蓋章並按指印，並記載乙律師為代筆人，丙及丁為見證人，戊為遺囑之執行人，將其所有坐落臺中縣太平鄉忠○段○○號土地，及其上門牌臺中縣太平鄉中興村太平路○○號之三層樓房壹棟之所有權應有部分二分之二遺留由其女即己及庚繼承，其餘三分之一應有部分則遺贈與辛，由辛負擔祭祀何家歷代祖先、掃墓、作風水及甲之祭祀。甲嗣於 81 年 5 月 12 日死亡，辛確實履行其負擔，祭祀何家歷代祖先及甲，庚亦已將其繼承之系爭房地所有權應有部分移轉六分之一與辛，惟己辦妥繼承登記後，遲不依遺囑意旨，移轉系爭房地所有權應有部分六分之一與辛等情，求為命己將系爭房地所有權應有部分六分之一移轉登記與辛之判決。（最高法院八六年臺上字第四三二號裁判）試問：

(一)該代筆遺囑係以打字方式為之，未由代筆人親自執筆，是否有效？

(二)該代筆遺囑之代筆人在遺囑上簽名只冠以「代筆人」，其他兩位見證人冠以「遺囑見證人」，請問是否符合代筆遺囑由遺囑人指定三人以上之見證人之規定？

解析

㈠《民法》第一千一百九十四條規定，代筆遺囑應「使見證人中之一人筆記」，並未規定其筆記之方式，只需將遺囑意旨以文字表明，即無不可，是由代筆見證人親自書寫固屬之，如本例，由代筆見證人起稿而後送打字者，亦無不合。

㈡代筆遺囑應由遺囑人指定三人以上之見證人，由其中一位見證人代筆，為《民法》第一千一百九十四條所明定。本例代筆人於遺囑上簽名，雖只冠以「代筆人」之名，而未記載併為見證人，仍不失其見證人身分。

▶ 第二項　世界各國遺囑見證人之比較與我國修法之建議 ◀

遺囑見證人是指遺囑人在立遺囑時的證明人，也有稱為中間人。世界上大多數國家的《民法》都規定遺囑見證人要具有一定的資格，下列人員不得作為遺囑見證人 ：

表九　世界各國遺囑見證人之消極資格

國家＼資格	遺囑見證人消極資格的限制
古羅馬法	未成年人和精神病患者（禁治產人）；繼承人、與繼承人服從同一家長權的親屬、服從繼承人權利的直系卑親屬、對於繼承人有權利的尊親屬。
日本	未成年人和精神病患者（禁治產人和準禁治產人）；推定繼承人、受遺贈人及其配偶、直系血親。
英國	盲人、見證人或見證人的配偶是遺囑的受遺贈人。
南斯拉夫	立遺囑人的直系卑親屬、養子女及他們的直系卑親屬、直系尊親屬和收養者，包括第四親等的親屬（在斯洛維尼亞共和國是包括第三親等的旁系親屬），以及所有上述人員的配偶和立遺囑人的配偶。
法國	受遺贈人或其四親等以內的親屬或姻親，以及作成證書的公證人的書記；不瞭解遺囑所用的語言的人；夫及妻不得在同一證書中作為證人，白痴、盲者、聾者。
德國	不得請待證明的遺囑中被指定為受贈人或遺囑執行人。

⓫　陶希晉總編，前揭書《中國民法學・財產繼承》，pp. 356-360。

瑞士	被繼承人的直系血親、兄弟姊妹及其配偶，以及被繼承人的配偶；公證官員、證人；被褫奪公權的人，不得作為公證官員或證人參與訂立遺囑
韓國	根據遺囑應受利益者及其配偶、直系血親。
美國	遺囑受益人也可以作為遺囑見證人。
匈牙利	文盲。

資料來源: 參考陶希晉總編，《中國民法學・財產繼承》，中國人民公安大學出版社，1990 年 6 月第一版，pp. 356-359。

　　關於遺囑見證人資格的限制，海峽兩岸的規定基本相同。大陸《繼承法》第十八條規定，無行為能力人、限制行為能力人、繼承人、受遺贈人、與繼承人、受遺贈人有利害關係的人，不能作為遺囑見證人。我國現行《民法》第一千一百九十八條規定，未成年人、禁治產人、繼承人及其配偶或其直系血親、受遺贈人及其配偶或其直系血親、為公證人或代行公證職務人之同居人、助理人或受雇人，不得為遺囑見證人 [102]。香港《遺囑條例》規定見證人不能身為受益人，與繼承人，受遺贈人有利害關係的人不能做見證人。澳門《民法典》關於遺囑見證人之適當性規定僅以消極的無能力者，凡被禁止於繕立非官方公文書之行為中擔任見證人，均不得於遺囑特別方式所規範之遺囑行為中擔任有關工作。

　　基於利益迴避原則，遺囑見證人之適當性限制應該擴大至與繼承人或受遺贈人有利害關係之相對人，遺囑見證人才足以以客觀第三人的地位，遂行遺囑人的遺願與保障繼承人及受遺贈人的權益。筆者建議擴大「不得為遺囑見證人範圍」，在我國《民法》第一千一百九十八條增訂第六款規定:「與繼承人、受遺贈人有利害關係的人。」

---

[102]　余鑫如，〈關於海峽兩岸繼承法的比較研究〉，《法學研究》，1990 年第 2 期（總第 67 期），p. 59。

第六節 共同遺囑

▶ 第一項 共同遺囑之意義與效力 ◀

一、共同遺囑之意義與種類

共同遺囑 (gemeinschaftliches Testament conjonctif, joint will)，係二人以上之遺囑人，將其意思共同表示於同一遺囑書上，而形成不可切離之關係是也。共同遺囑，依其型態，有三種**❶❸**：

㈠單純的共同遺囑 (testamenta mere simultanea, gleichzeitiges gemeinschaftliches Testament)，此係內容獨立兩個以上之遺囑，記載於同一遺囑書之中者。

㈡相互的共同遺囑 (testamenta neciproca, gegenseitiges oder reziprokes gemeinschftliches Testament)，此係二人以上之遺囑人相互為遺贈或相互指定他方為自己繼承人之遺囑。

㈢相關的共同遺囑 (testamenta correspectiva, wechselbe-zugliches oder korrespektives gemeinschaftliches Testament)，此係遺囑人二人，相互以他方之遺囑為條件所為之遺囑。亦即，一方之遺囑處分失效時，他方之遺囑處分亦失效；一方之遺囑執行時，他方之遺囑即不得撤回。

二、共同遺囑之效力

我國《民法》未設禁止之明文，宜解釋不問何種共同遺囑，均不應承認其效力 **❶❹**。蓋遺囑有絕對的自主性，其成立消滅應獨立為之，共同遺囑

---

❶❸ 陳棋炎、黃宗樂、郭振恭合著，前揭書《民法繼承新論》，p. 308。

❶❹ 胡長清著，前揭書《中國民法繼承論》，p. 205。戴炎輝著，前揭書《中國繼承法》，p. 216。陳棋炎著，前揭書《民法繼承》，p. 216。

不唯妨礙遺囑撤回之自由，而且就共同遺囑人之意思亦易生疑義，自不宜承認共同遺囑；而夫妻之人格各自獨立，亦無為例外解釋之必要 **❶⓯**。惟若二遺囑人所立之遺囑同時記載於同一用紙上，將其切離，而可成為二獨立之遺囑時，此種遺囑並非共同遺囑，應解為各自獨立之自書遺囑。

實 例 ▶▶▶▷

甲、乙各自自書遺囑之全文，各記明年月日，各自簽名，雖其內容同記載於一張用紙上，是否為共同遺囑？若甲、乙共立遺囑，甲遺贈丙 A 屋一棟，乙遺贈丁 B 屋一棟，若由甲書寫其遺囑內容，記明年月日後，由甲、乙共同簽名，此共同遺囑是否有效 **❶⓰**？

解析

(一)甲、乙各自書寫遺囑內容，實為二個獨立性之自書遺囑，此種情形，在我國《民法》上並無禁止明文規定。但是就遺囑之自主性及可變動性等特色觀察之，我國在無明文規定之情形下，應採否定共同遺囑之見解。

(二)單純共同遺囑係由內容獨立二個以上之遺囑，記載於同一遺囑書中，就我現行《民法》之規定觀之，雖無法承認甲、乙所立之單純共同遺囑均為有效，但亦不妨將該遺囑切割為二部分加以觀察。亦即就乙之遺囑不分，因非自己書寫遺囑之全文，因此不符合自書遺囑之方式，該遺囑無效，惟甲之遺囑部分，因其符合自書遺囑之方式，故不妨承認其遺囑為有效，以符合遺囑人意思之立法意旨 **❶⓱**。

---

❶⓯ 陳棋炎、黃宗樂、郭振恭合著，前揭書《民法繼承新論》，p. 308。

❶⓰ 林秀雄，前揭文〈民法繼承編：第九講遺囑總論〉，p. 53。

❶⓱ 林秀雄，前揭文〈民法繼承編：第九講遺囑總論〉，p. 53。

第二項　世界各國共同遺囑之比較與我國修法之建議

共同遺囑（又稱為「合立遺囑」，本文均稱為「共同遺囑」）源於西歐德、法等國的習慣法，盛行於中世紀。羅馬法時代還沒有承認這種遺囑的有效性。到了 14、15 世紀這種共同遺囑的方式開始在歐洲流行起來。當時，這種遺囑形式主要發生在夫妻之間，他們以共同訂立的遺囑，相互遺贈或共同處分自己的財產。世界各國的《民法》，對共同遺囑持有兩種截然不同的態度 ❿：

第一種是承認共同遺囑的合法性、有效性。這些國家如德國《民法典》第二千二百六十五條至第二千二百七十三條、前東德《民法典》第三百八十八條、奧地利《民法典》第五百八十三條、第一千二百四十八條、南韓《民法典》沒有規定禁止共同遺囑，但在習慣上，夫妻之間或父母之間可以訂立共同遺囑、英美判例承認共同遺囑。

第二種是完全禁止共同遺囑的訂立，否認共同遺囑的效力。如法國、日本、瑞士、匈牙利、捷克斯洛伐克。

禁止兩人或者兩人以上訂立共同遺囑，主要是從遺囑本身的原理考慮的，而不是從現實情況出發考慮其是否有用。持否定態度的理由是，共同遺囑與遺囑理論相矛盾。因為，遺囑是遺囑人單方面的法律行為，遺囑人單方的意思表示完全可以獨立自主地決定遺囑的成立、變更或撤銷。而二人或二人以上訂立的共同遺囑，卻沒有這種隨意性，其訂立、變更或撤銷，必然要受到另一遺囑人的制約。譬如說，在共同遺囑訂立以後，遺囑人中的一人事後反悔，改變主意，要撤回遺囑；如果立遺囑的另一人不同意撤回，則共同遺囑不能撤銷。這就違背了遺囑自由原則，容易引起糾紛。這種禁止共同遺囑的理由，只是對於相互的共同遺囑以及與遺囑內容相關的共同遺囑有適用的價值，而對於那些內容完全獨立的單純的共同遺囑，卻沒有多少理由。

---

❿　陶希晉總編，前揭書《中國民法學・財產繼承》，pp. 387–389。

在實行法國法體例的國家，一般都禁止共同遺囑，而在英美法系的國家卻一直承認共同遺囑的法律效力。在對待共同遺囑的問題上，法國、日本等國偏重於遺囑的理論，而英美等國則偏重於實踐，這是在繼承方面英美法不同於法國法的一個顯著特點❿。

表十　世界各國共同遺囑之比較

承認共同遺囑		禁止共同遺囑	
德國	德國《民法典》第二千二百六十五條還特別強調：共同遺囑僅得由夫妻雙方為之。	法國	法國《民法典》第九百六十八條規定：「二人或二人以上不得以同一證書訂立遺囑，不問為第三人的利益，或為相互的遺產處分。」
前東德	前東德《民法典》第三百八十八條規定：只有一對已婚夫妻才能作共同遺囑。	日本	日本《民法典》第九百七十五條（共同遺囑的禁止）規定：「二人以上者，不得以同一證書立遺囑。」
奧地利	奧地利《民法典》第五百八十三條、第一千二百四十八條，明文規定了共同遺囑這種形式。	瑞士	瑞士《民法典》雖沒有明文規定禁止共同遺囑，但在解釋上不承認共同遺囑有效。
南韓	韓國《民法典》沒有規定禁止共同遺囑，在習慣上，夫妻之間或父母之間可以訂立遺囑。	匈牙利	匈牙利《民法典》第六百四十四條規定：「兩個或兩個以上的人在同一個文件上以任何方式立下的遺囑，均無效。」
英國	英美判例承認共同遺囑。但英國繼承法律制度中的「共同遺囑」與我們這裡講的「共同遺囑」涵意不同，實質上是「單純共同遺囑」；其所稱的「相互遺囑」才是我們所講的「共同遺囑」。常見的相互遺囑有兩種：一是夫妻製作相互遺囑，指定給予他們中的死亡者終身定期金，後亡者死後，餘下的財產轉移給子女；二是夫妻製作相互遺囑，將全部遺產留給他們中的後亡者，如他們同時死亡，則遺產由子女繼承。	捷克斯洛伐克	捷克斯洛伐克《民法典》第四百七十六條規定：「幾個被繼承人的共同遺囑無效。」

資料來源：參考陶希晉總編，《中國民法學・財產繼承》，中國人民公安大學出版社，1990年6月第一版，pp. 387-389。

---

❿　陶希晉總編，前揭書《中國民法學・財產繼承》，pp. 389–390。

臺灣、香港與大陸地區不承認共同遺囑。僅有澳門地區在婚姻協定所規定以遺囑處分方式設立繼承人或指定受遺贈人之情況，是可以承認夫妻共同遺囑。依據澳門《民法典》第二千零十八條規定：「兩人或多人不得在同一行為中作出互惠或惠及第三人之遺囑行為，但就婚姻協定所規定之情況除外。」換言之，澳門原則上是不允許共同遺囑，另外在婚姻協定所規定以遺囑處分方式設立繼承人或指定受遺贈人之情況，是可以承認夫妻共同遺囑。依據澳門《民法典》第一千五百七十條（以遺囑處分方式設立繼承人或指定受遺贈人）：「一、擬結婚之任一當事人，不論為惠及他方或第三人，均可於婚前協定中設立繼承人或指定受遺贈人。二、繼承人之設立或受遺贈人之指定，雖屬合法，仍僅具有遺囑之性質。三、婚前協定中，亦可載有與在當中作出之慷慨行為有關之歸還條款或信託替換條款，但不影響該等條款須遵守之一般限制。四、如有關婚姻未於一年內締結，又或出現任何導致遺囑處分失效之原因，則婚前協定中所作之繼承人之設立及受遺贈人之指定即告失效。」

臺灣與大陸對於共同遺囑之規定，雖然在立法上均未明文確認，但是在法學界上對於共同遺囑之意義與種類都有相同的意涵。在大陸法學界多數持否定見解，雖然在理論界和司法實踐上都持肯定態度，但就總的來說，共同遺囑的形式不僅違背民法學原理，而且在實踐中產生弊多利少的結果，故不宜採行。

惟對於共同遺囑之效力，依我國《民法》解釋上，既無積極承認共同遺囑之明文規定，自不應承認共同遺囑之效力，不問其屬於何種共同遺囑[110]。筆者建議不妨承認夫妻共同遺囑，因為夫妻之間在身分上與財產上有一定程度的共同關係，雙方還可以互贈遺產、設定遺囑責任、指定遺囑執行人等，在我國《民法》第一千一百九十條增訂第二項規定：「夫妻之間得訂立共同遺囑」。

---

[110]　胡長清著，前揭書《中國繼承法論》，p. 205。

第四章　遺囑之撤回

　　遺囑之撤回云者，遺囑人於為有效遺囑之後，於其生存中，本於其意思或行為而使其原先之遺囑不發生效力之謂❶，或是指遺囑人對於自己原來所立的遺囑加以廢止，使還沒有發生法律效力的遺囑在將來不因其死亡而發生法律效力❷。遺囑制度之目的，原在於尊重遺囑人之遺意，故應以其最後決定之意思為標準，且遺囑成立與其效力發生，往往隔期甚久，此間因情事變遷，原有之意思未免亦因而改變，若不許其變更遺囑，則與遺囑制度之本旨不合；且由一般法理言之，尚未發生效力以前之意思表示，無論何人均不受其拘束❸。

第一節　遺囑撤回之意義與區別

一、遺囑撤回之意義

　　遺囑的撤回是指遺囑人阻止其遺囑發生效力的法律行為。遺囑既是立遺囑人的意思表示和自主的法律行為，因此，遺囑人生前當然有權隨時撤回其所立的遺囑，以阻止遺囑發生效力。應該指出的是，撤回遺囑必須以一個有效成立的遺囑存在為前提。只有一個有效成立的遺囑存在，才能在遺囑人死亡時發生效力，才有遺囑撤回的問題，否則也就不存在遺囑撤回的問題❹。

---

❶　陳棋炎，黃宗樂，郭振恭合著，前揭書《民法繼承新論》，p. 346。

❷　陶希晉總編，前揭書《中國民法學・財產繼承》，p. 411。

❸　戴炎輝，戴東雄合著，前揭書《中國繼承法》，p. 264。

❹　胡大展主編，前揭書《臺灣民法研究》，p. 525。

二、遺囑撤回與一般意思表示撤回之區別

遺囑之撤銷雖改正為撤回，但遺囑之撤回仍有其特殊性，與一般意思表示之撤回有不同之處❺：

(1)遺囑撤回為身分法上的行為；反之，一般意思表示之撤回為財產法上的行為。

(2)遺囑撤回有專屬性，須遺囑人自行為之；反之，一般意思表示之撤回，除表意人外，其代理人或繼承人亦得行使。

(3)遺囑撤回乃無相對人之行為；反之，一般意思表示之撤回通常有相對人。

(4)遺囑撤回在遺囑人尚未死亡前，隨時得撤回；反之，一般意思表示之撤回，僅能在未到達相對人之前，始能撤回，故只能在非對話的意思表示，始能有撤回之可能。在對話的意思表示，相對了解意思表示後，即不能撤回。

(5)遺囑撤回分為明示撤回與法定撤回兩種，前一方法係遺囑人以意思表示明白予以撤回；後一方法乃依法律規定，有一定事實存在時，不問遺囑人的意思如何，法律上視為遺囑撤回。至於一般意思表示撤回，只有明示撤回。

(6)遺囑撤回發生遺囑是否復活之問題，反之，一般意思表示之撤回無意思表示復活之問題。

第二節　遺囑撤回之方法

依我《民法》規定，遺囑撤回之方法，大別之有兩種：一為明示撤回（《民法》第一千二百十九條），一為法定撤回（《民法》第一千二百二十條以下）。前一方法，係遺囑人以意思表示，明白予以撤回者；後一方法，乃法律規定，於有一定事實存在時，不問遺囑人之意思如何，法律上當然視

---

❺　戴炎輝，戴東雄合著，前揭書《中國繼承法》，pp. 264–265。

為撤回者❻。兩種遺囑撤回之方法茲分述如下❼：

一、明示撤回

我《民法》第一千二百十九條規定：「遺囑人得隨時依遺囑之方式，撤回遺囑之全部或一部。」遺囑人雖有撤回遺囑之自由；但遺囑之成立，既係要式行為，則其撤回亦須依一定方式為之，蓋須確保撤回意思真正之故。遺囑撤回行為本身雖不是遺囑，但亦必依遺囑之方式為之。惟遺囑撤回之方式，為遺囑方式之任何一種均可，不必與原遺囑同其方式。撤回前遺囑，且同時另為其他內容之遺囑，亦無不可。遺囑之撤回，不限於全部，即其一部分亦可。

二、法定撤回

㈠前後遺囑相牴觸

依《民法》第一千二百二十條規定：「前後遺囑有相牴觸者，其牴觸之部分，前遺囑視為撤回」。

1. 前後遺囑相牴觸，有出於遺囑人之故意者；又有遺囑人忘其前已有遺囑，而再作遺囑。不問遺囑人之意思如何，皆依法律規定，就其相牴觸部分，前遺囑視為撤回。遺囑為遺囑人之終意處分，應尊重其最後之意思，故後遺囑之效力勝過前遺囑。

2. 前後遺囑全部相牴觸時，則前遺囑全部視為撤回；反之，僅其一部相牴觸時，則僅其牴觸部分視為撤回，固不待言。

3. 兩遺囑記載同一之日期者，應依一切情事決定其前後，如不能決定其先後者，在日本，有主張應視為一遺囑同時為相矛盾之意思，其牴觸之部分，均應無效❽；有主張兩遺囑均有效，應執行其一，而對於他方為賠

---

❻　陳棋炎，黃宗樂，郭振恭合著，前揭書《民法繼承新論》，p. 348。

❼　戴炎輝，戴東雄合著，前揭書《中國繼承法》，pp. 266–269。

❽　近藤英吉著，《判例遺言法》，昭和 13 年，p. 258；我妻榮，立石芳枝著，《親

償❾。我國學者多採有效說，謂：各個遺囑皆應屬有效，應執行其一，對於另一遺囑，則依補償之方法，以為救濟❿；或謂：應基於有效解釋之原則，除其內容絕對的不能同時執行可認為自相矛盾應為無效外，應解釋均為有效⓫。另有學者認為無效說比較符合本條規定之旨趣。當然，於同一日作或數個內容相矛盾之遺囑，在事實上殊不多見⓬。

(二)遺囑與行為相牴觸

《民法》第一千二百二十一條規定：「遺囑人於為遺囑後所為之行為與遺囑有相牴觸者，其牴觸部分，遺囑視為撤回」。

1. 茲所謂行為，指遺囑人本人之生前處分（特定物或權利之處分）及其他法律行為而言。例如遺囑人於其生存中，將遺贈標的物出賣或贈與第三人者，不問其有無撤回其遺囑之明白意思表示，其遺囑當然視為撤回。

2. 又遺囑與行為相牴觸，原不以財產上之處分為限，如遺囑人曾以遺囑指定某甲為其指定繼承人，但其後於生存中，再收養某乙時，前遺囑亦視為撤回。

3. 生前行為須為遺囑人本人之行為。故例如遺囑人之法定代理人所為之行為與遺囑相牴觸時，遺囑之內容或許將因此不能實現，然不得謂為遺囑之撤回。

族法、相續法》，p. 625；我妻榮，唄孝一，《相續法》，p. 306；轉引陳棋炎，黃宗樂，郭振恭合著，前揭書《民法繼承新論》，p. 351；中川善之助監修，《註解相續法》，法文社，昭和 27 年 10 月 30 日第四版，p. 424。

❾ 柳川勝二著，《日本相續法註釋》，下冊，大正 9 年，p. 460。轉引陳棋炎，黃宗樂，郭振恭合著，前揭書《民法繼承新論》，p. 351。

❿ 胡長清著，前揭書《中國民法繼承論》，p. 242；戴炎輝著，前揭書《中國繼承法》，p. 237 同旨。

⓫ 史尚寬著，前揭書《繼承法論》，p. 437。

⓬ 陳棋炎，黃宗樂，郭振恭合著，前揭書《民法繼承新論》，p. 351。

㈢遺囑之廢棄

　　據《民法》第一千二百二十二條規定：「遺囑人故意破毀或塗銷遺囑，或在遺囑上記明廢棄之意思者，其遺囑視為撤回」。

　1.前段所謂遺囑，係遺囑書之意

⑴其破毀或塗銷行為，須出於遺囑人之故意。故第三人（包括遺囑人之繼承人）之毀銷❸，因遺囑人之過失或錯誤之遺囑書毀銷❹或由不可抗力之毀損❺，皆不得視為撤回。在此情形，苟利害關係人能證明非出於遺囑人故意之毀銷，且可證明其內容時，該遺囑仍為有效。

⑵遺囑人既有故意，則不問其對遺囑之內容有無撤回之意思，皆視為撤回。

⑶第三人之毀銷，而致受利人不能取得權利時，應解為得請求損害賠償❻。

　2.後段所謂在遺囑（遺囑書）上記明廢棄之意思，指遺囑人撤回其前遺囑時，因不依遺囑法定方式，不能發生「明示撤回」之效力者而言

⑴於自書遺囑，遺囑人只為一部塗改時，應參閱《民法》第一千一百九十條規定。

⑵依本條規定，視為撤回者，吾國《民法》雖無明文規定，但宜解為僅限於廢棄、毀銷之部分。故全部毀銷或廢棄（簽名之廢棄亦同）時，全部遺囑無效；如僅一部分之廢棄，則其他部分仍有效❼。

---

❸　胡長清著，前揭書《中國民法繼承論》，p. 246。

❹　胡長清著，前揭書《中國民法繼承論》，p. 245。

❺　胡長清著，前揭書《中國民法繼承論》，p. 245。

❻　李宜琛著，《現代繼承法論》，商務印書館，1964 年一版，p. 111。

❼　劉含章著，前揭書《繼承法》，p. 236。

第三節　遺囑撤回之效力

遺囑經撤回時，其遺囑視為自始未曾存在。故經撤回或視為撤回之遺囑，自不能發生效力。但尚須研究者，乃遺囑撤回之效力，是否「絕對的」，換言之，原遺囑是否復活之問題。詳言之，原遺囑被撤回後，或視為撤回後，撤回原遺囑之遺囑不發生效力，或被視為撤回原遺囑之遺囑人之生前行為或第二遺囑不發生效力時，原遺囑是否回復其效力[18]？立法例上，有採取復活主義者（德國《民法典》第二千二百五十七條、第二千二百五十八條）；又有採取不復活主義者（日本《民法典》第一千零二十五條）[19]。關於此點，原或以不復活主義為合於理論。蓋已被撤回之原遺囑，既視為自初不存在，而今因撤回原遺囑之再撤回，或原撤回因其他情事不發生效力時，再回復原遺囑之效力，不免理論上有矛盾故也。且實際上，可避免採取復活主義時所發生法律關係之複雜[20]。但如通常可認為：遺囑人有復活原遺囑之意思時，似不必一概否定原遺囑之復活。故日本《民法典》成文法上，雖採取不復活主義；但通說不苟從法條，仍分別情形，加以合理的解釋[21]。關於此點，吾國《民法》雖無明文規定，亦宜分別情形，以定

---

[18]　戴炎輝、戴東雄合著，前揭書《中國繼承法》，p. 269。

[19]　法國《民法典》及瑞士《民法典》，均未設明文規定，但解釋上，分別情形決定原遺囑是否復活，參閱中川善之助編，《註釋相續法》（東京：有斐閣，昭和30年11月30日初版一刷），下冊，p. 191。又學者謂：吾國第一、二次繼承法草案（一草第八十一條，二草第一百九十一條），皆採取不復活主義，參閱胡長清著，前揭書《中國民法繼承論》，p. 247，劉含章著，前揭書《繼承法》，p. 230。

[20]　日本《民法典》修正案理由書第四、五編，p. 370。中川善之助編，前揭書《註釋相續法》，p. 192。

[21]　中川善之助編，前揭書《註釋相續法》，p. 190以下。我妻榮、立石芳枝著，《親族法、相續法》，p. 627。轉引戴炎輝、戴東雄合著，前揭書《中國繼承法》，p. 270。

原遺囑是否復活❷。

實 例 ▶▶▶▶

　　甲育有乙、丙、丁及戊四子，甲乙於 80 年成立口頭之土地買賣契約，約定：「㈠甲願將所有坐落雲林縣西螺鎮新社段○○○之一、○○○之一舊地號之全部農地以一百六十萬元之價金賣予乙，由乙繼承或於給付可能時移轉。㈡佃農之償地、補償、稅金及規費等均由上訴人負擔。」訂立該契約後，甲並將上開土地之所有權狀交予乙。嗣該○○○之一舊地號之土地，分割為○○○之一、○○○之四、○○○之五地號等三筆土地，其中除○○○之一地號土地即系爭土地仍為農地外，餘二筆土地分別變更為住宅用地及道路用地，乙亦已取得該二筆土地之新所有權狀。惟因乙無自耕能力，故對於○○○之一地號之系爭土地，仍無法為所有權之移轉登記，乃訂立書面買賣契約，約定由甲作成自書遺囑，載明系爭土地由乙繼承，並於 82 年 6 月 10 日經臺灣雲林地方法院 82 年度認字第○○○號認證，嗣因系爭土地價格上漲，引起其他兄弟丙、丁及戊覬覦，誘使甲撤回上開遺囑，並於 83 年 10 月 19 日

---

❷ 採不復活主義者，胡長清著，前揭書《中國民法繼承論》，p. 247；採取應視遺囑人之意思，分別定其是否復活者，有羅鼎著，前揭書《民法繼承論》，p. 249。又可細分為：絕對的不復活說：不問遺囑人之意思如何，一概否定原遺囑之復活（胡長清著，前揭書《中國民法繼承論》，p. 246；陳棋炎著，前揭書《民法繼承》，p. 247）。相對的不復活說：此說與前說原則相同，唯尊重遺囑人之意思，如遺囑人有復活原遺囑之意思時，不妨使其復活，如遺囑人意思不明時仍應分別情形而為合理解說，以定原遺囑是否復活。相對時復活說：此說遺囑人意思之解釋，在遺囑人死亡之後甚為困難，故應原則上採復活主義。遺囑人之意思不明時，均應解為復活。尤其應分別明示的撤回與法定的撤回而為考察。是否復活應按個別情形及斟酌遺囑人之意思定之（史尚寬著，前揭書《繼承法》，p. 447。

經同法院 83 年度認字第○○○號加以認證,惟甲所為撤回遺囑之無償行為,有害及乙移轉系爭土地所有權。爰求為確認兩造間就系爭土地之買賣關係存在,並依《民法》第二百四十四條第一項規定,請問甲所為撤回自書遺囑之效力如何?(臺灣高等法院 87 年度上字第 32 號民事判決)

解析

㈠按債權人得依《民法》第二百四十四條規定行使撤銷訴權者,以債務人所為非以其人格上之法益為基礎之財產上行為為限,例如以拋棄繼承而言,雖係對財產繼承之拋棄,惟因繼承之取得,乃基於特定之身分關係,故繼承權之拋棄實具有身分之性質,又拋棄繼承亦僅為單純利益之拒絕,是自不許債權人撤銷之(參照最高法院 69 年度臺上字第 1271 號判決)。

㈡撤回遺囑雖可能係針對立遺囑人之財產為之,而具有財產權之性質,惟撤回遺囑制度之設,旨在使立遺囑人得依其自由意志,決定其財產分配等身後大事之內容,故亦直接涉及人格之自由及尊嚴,立遺囑人撤回遺囑與否,他人實無干涉之權,此所以《民法》第一千二百十九條、第一千二百二十一條分別規定:按遺囑人得隨時依遺囑之方式撤回遺囑之全部或一部;及遺囑人於為遺囑後所為之行為與遺囑有相牴觸部分,遺囑視為撤回。況較諸拋棄繼承,遺囑之撤回其財產權性質較不濃厚,而更具有身分權之意涵,是撤回遺囑權既以人格上之法益為基礎,自亦不得以之為撤銷訴權之標的。本件甲既於 83 年 10 月 19 日經認證撤回先前於 82 年 6 月 10 日經認證所為之自書遺囑,揆諸前揭說明,乙自不得以其債權受詐害為由,請求撤銷之。

第四節　世界各國遺囑撤回之比較與我國修法之建議

《民法》予遺囑人以撤回遺囑之自由，此遺囑撤回之自由，在羅馬法上已見其端倪（羅馬法以「有死者之意思迄於生命最後存在為可動的」(Ambulatoria est voluntus deiunati ad vitae suprem umexicun) 之原則），近代各國《民法》更有明定遺囑人不得拋棄其遺囑撤回權者（例如，日本《民法典》第一千零二十六條、韓國《民法典》第一千一百零八條第二項）。我《民法》雖無明文，亦可為同樣解釋❷。以下就世界各國關於《民法》遺囑之撤回（銷）規定作比較❷：

表十一　世界各國遺囑撤回（銷）之比較

德國	德國《民法典》第二千二百五十四條至第二千二百五十八條：撤銷遺囑的方式有：依遺囑的方式撤銷，以破毀或塗銷撤回，將處於官方保管的遺囑取回，用後遺囑撤回前遺囑，用後遺囑與前遺囑相牴觸撤銷遺囑。
日本	日本《民法典》第一千零二十二條至第一千零二十四條規定了三種撤銷遺囑的方式：其一是，依遺囑的方式撤銷；其二是，用前後遺囑相牴觸或者前遺囑與後來遺囑人之行為相牴觸，牴觸部分的前遺囑撤銷；其三是，遺囑人故意毀棄遺囑，被毀棄部分視為撤銷，故意毀棄標的物亦同。
前東德	前東德《民法典》第三百八十七條規定：撤銷遺囑的方式有三： 1.用新遺囑取消前遺囑或前遺囑的處分相牴觸； 2.將公證遺囑或危急遺囑從保管單位取回； 3.毀壞或變更親筆書寫的遺囑。
法國	法國《民法典》第一千零三十五條和第一千零三十八條規定：「遺囑，僅得以日後重訂的遺囑或在公證人前作成證書以聲明改變意志而全部或部分取消」。該法典還規定，遺囑人將遺贈物全部或部分讓與的行為，也發生全部或部分撤銷遺囑的效力。
美國	1.《美國統一繼承法》第二一五零七條規定，遺囑人可以通過書面或行為撤銷遺囑或其中的任何部分。 ⑴重新製作明確撤銷前一遺囑或其中一部分的遺囑，或製作與前一遺囑相矛盾的遺囑； ⑵基於撤銷遺囑的目的，遺囑人或遺囑人所指定的其他人當遺囑人之面燒

❷　戴炎輝，戴東雄合著，前揭書《中國繼承法》，p. 235；陳棋炎著，《民法繼承》，p. 241；史尚寬著，前揭書，p. 432。

❷　陶希晉總編，前揭書《中國民法學・財產繼承》，pp. 421–422。

	毀、撕毀、蓋銷、塗抹或消除遺囑。 2.該法典還規定，製作遺囑後，立遺囑人離婚或撤銷婚姻的事實將導致撤銷遺囑人在遺囑中為原配偶所作的財產處分，和遺囑中賦予原配偶指定接受財產人的一般或特殊權限的規定，以及指定原配偶作為遺囑執行人、受託管理人、財產管理人或監護人的規定，除非遺囑明確地作了另外規定。
前蘇聯	前蘇聯《民法典》第五百四十三條規定：撤銷或變更遺囑的方式是： 1.製作新遺囑，全部或部分地（與原遺囑相牴觸的部分）撤銷原遺囑； 2.向公證處或者向地方蘇維埃執委會提出申請，廢除遺囑。
捷克	捷克《民法典》，廢除遺囑的方式有二： 1.前立遺囑與後立有效遺囑不容共存或者被廢除的時候，前遺囑無效；廢除遺囑應當採取立遺囑時必須採用的形式。 2.用銷毀含有遺囑內容的文件的辦法來廢除遺囑。
加拿大	1.加拿大《繼承法改革法》（1980年安大略修正案）第十五條規定撤銷遺囑的方式有： (1)依照本法第十六條，遺囑人結婚。 (2)訂立另一個遺囑。 (3)按照訂立遺囑的規定訂立一份書面文件，在該文書中聲明撤銷遺囑。 (4)由遺囑人本人或在場的其他人根據遺囑人關於撤銷、撕毀或用其他方式銷毀遺囑。 2.該法第十七條中還規定：「除遺囑有相反的意思表示外，遺囑人訂立遺囑後，其婚姻被判決解除或被宣布無效時，遺囑中(a)給予前配偶有關財產利益的處理與贈與；(b)指定前配偶作為執行人或財產受託人；以及(c)給予前配偶一般或特別權力的指定，均被撤銷，並且按前配偶先於遺囑人死亡來解釋遺囑。」

資料來源：參考陶希晉總編，《中國民法學·財產繼承》，中國人民公安大學出版社，1990年6月第一版，pp. 420-422。

　　兩岸四地對於遺囑之撤銷（回），均有明文規定，惟臺灣方面認為，舊《民法》第一千二百十九條原規定遺囑人得隨時依遺囑之方式，撤銷遺囑之全部或一部，茲所謂撤銷，雖與《民法總則》關於法律行為之撤銷同其用語，但其意義有異：《總則編》所謂撤銷，係法律行為發生效力後，因一定之原因（意思表示有瑕疵或錯誤）而撤銷，經撤銷後，其行為之效力溯及的消滅之謂。反之，遺囑之撤銷，係遺囑尚未發生效力以前，無庸任何理由，可任意將其遺囑予以撤回或變更之謂。蓋遺囑發生效力，非在其成立時，而在遺囑人死亡時之故（我舊《民法》第一千一百九十九條），有鑑於此，修正之現行法已將撤銷一語改為撤回❿。

香港《遺囑條例》第十三、十四、十七條、澳門《民法典》第二千一百三十七條至第二千一百三十九條及大陸《繼承法》第二十條第一款規定「撤銷」之用語，相當於我現行《民法》「撤回」之涵義，故不宜混淆之，合先敘明。

一、相同部分

㈠遺囑撤回（銷）之意義與特徵相一致

兩岸四地對於遺囑撤回（銷）的意義，均是指遺囑人對於原來所立之有效遺囑，本於其意思或行為，使其不發生效力。而且其與一般的意思表示（法律行為）之撤回有所不同。

㈡前後遺囑相互牴觸的部分視為撤回（銷）或廢止

對於前後遺囑之內容有相互牴觸者，其牴觸之部分，前遺囑視為撤回（銷）或廢止，而以最後遺囑為準。

㈢行為與遺囑內容相牴觸者，遺囑視為撤回（銷）

遺囑人立遺囑以後所為的行為與所立遺囑相牴觸，其牴觸部分視為撤回（銷）❷❻。

㈣遺囑人故意損毀或塗銷遺囑或記明廢棄意思表示者，遺囑視為撤回（銷）

遺囑人必須故意破毀或塗銷遺囑，若因過失、錯誤或不可抗力等因素則不包括在內。或者在遺囑書上寫明廢棄之意思表示者，均視為撤回（銷）。在臺灣方面，有立法明文規定，香港《遺囑條例》第十三條有規定，而澳

---

❷❺　戴炎輝，戴東雄合著，前揭書《中國繼承法》，p. 264。

❷❻　田園，〈海峽兩岸遺囑繼承法律制度比較〉，《法學雜誌》，1992 年第 3 期（總72 期），pp. 9–10。

門《民法典》第二千一百四十四條有使密封遺囑無效用規定，大陸方面則根據一般的民法原理解釋。

(五)關於遺囑撤回之撤回均未明文規定

兩岸四地對於遺囑撤回之撤回的效力上，在立法上均未明文規定，但是法學界的通說採不復活主義，惟在臺灣方面，又可區分為絕對的不復活說與相對的不復活說，兩者不分軒輊。

二、相異部分

(一)遺囑的變更

在大陸方面,將原來所立遺囑的內容做部分的改變認為是遺囑的變更。儘管大陸《繼承法》作了一些規定，但沒有從概念上將它與遺囑嚴格區分開來。臺灣《繼承法》中沒有遺囑變更這一概念，倒顯得更具科學性了 ❷⁷。香港《遺囑條例》與澳門《民法典》中也沒有遺囑變更這一概念。

(二)公證遺囑優越性之規定不同

我《民法》規定遺囑方式有五種，但每種遺囑效力相互間並無軒輊。香港書面遺囑、澳門普通與特別方式之遺囑也沒公證遺囑優越性之規定。大陸《繼承法》第二十條第三款規定：「自書、代書、錄音、口頭遺囑，不得撤銷、變更公證遺囑。」公證遺囑效力位階高於其他方式的遺囑，除非遺囑人再依公證遺囑方式，否則不得變更或撤銷先前之公證遺囑。

(三)遺囑可因婚姻而撤銷

僅有香港《遺囑條例》第十四條規定，除某些情況外，遺囑可因婚姻而撤銷。其他在臺灣、澳門與大陸地區並無此項規定。

因為締結、撤銷婚姻關係或離婚將導致先前所立遺囑之事實基礎產生

---

❷⁷ 田園，前揭文〈海峽兩岸遺囑繼承法律制度比較〉，pp. 9–10。

變化，可能侵害配偶或子女的特留分，所以筆者建議我國《民法》可以參考《美國統一繼承法》第二一五零七條與香港《遺囑條例》第十四條規定，增訂《民法》第一千二百二十二條之一規定：「遺囑人於立遺囑後結婚、撤銷婚姻關係或離婚者，前遺囑視為撤回。」

我國《民法》可以參考大陸《繼承法》第二十條第三款規定：「自書、代書、錄音、口頭遺囑，不得撤銷、變更公證遺囑。」公證遺囑效力位階高於其他方式的遺囑，除非遺囑人再依公證遺囑方式，否則不得變更或撤銷先前之公證遺囑。所以筆者建議我國《民法》第一千一百九十一條之一規定：「遺囑人於立自書、密封、代筆或口授遺囑，不得撤銷或變更其所立之公證遺囑。」

第五章 遺囑之效力

第一節 遺囑效力

一、遺囑之一般效力

《民法》繼承編第三章第三節雖題為效力，但係就遺囑之一般效力而為規定者，僅第一千一百九十九條（遺囑生效之時效）及第一千二百條（遺囑附停止條件時之生效時期）兩條而已，其他皆係關於遺贈之效力，故探討遺囑之一般效力應參酌學說、外國之法例，始能竟其功❶，分述如下❷：

㈠遺囑效力之發生時期

遺囑自遺囑人死亡時發生效力（《民法》第一千一百九十九條），此係遺囑本質上理所當然。

1. 至得受遺囑利益之人，是否知悉遺囑之存在，或知悉遺囑人之死亡，則毫無關係。

2. 縱令遺囑之內容，除遺囑人之意思表示外，尚須具備其他要件時（例如，以遺囑為捐助行為，而設立財團法人），仍自遺囑人死亡時發生效力。

3. 以遺囑分授遺產，於遺囑人死亡後，有拘束受遺贈人之效力。（最高法院18 年上字第 1897 號）

遺囑既自遺囑人死亡時發生效力，則遺囑人尚未死亡之前，將來得受遺囑利益之人，尚未現實取得權利；而遺囑人，於遺囑發生效力以前，亦

---

❶ 陳棋炎，黃宗樂，郭振恭合著，前揭書《民法繼承新論》，p. 363。

❷ 戴炎輝，戴東雄合著，前揭書《中國繼承法》，pp. 287–288。

得隨時予以撤回（《民法》第一千三百十九條）。以上所述者，乃就無附條件或期限之遺囑而言。至於遺囑可否附條件或期限，及其效力發生時期如何，以下分述之。

(二)附條件或期限之遺囑

遺囑如不違背其內容事項之性質，不必係單純的，故遺囑附以條件或期限，亦無不可。蓋法律為尊重遺囑人之遺意，使其能以實現故也。若遺囑之內容事項，性質上不許附條件或期限者，如非婚生子女之認領（《民法》第一千零六十五條），自不得附條件或期限。遺囑附停止條件者，自條件成就時發生效力（《民法》第一千二百條）。條件如在遺囑人死亡前已成就者，其遺囑與未附條件者同，自遺囑人死亡時發生效力（《民法》第一千一百九十九條）；條件如於遺囑人死後始成就者，則自條件成就時發生效力，但遺囑人不妨以意思表示，使其溯及條件成就以前發生效力（但亦僅得溯及於遺囑人死亡時）。遺囑附解除條件者，自條件成就時失其效力。如條件之成就，在遺囑人死亡之前，則與未為遺囑者無異，遺囑个因遺囑人之死亡而發生效力。遺囑附始期者，自始期屆至時發生效力。但所謂附始期，如僅定清償期之意旨者，則自遺囑人死亡時，遺囑發生效力，不過未到期以前，不得請求清償而已。遺囑附終期者，自遺囑人死亡時發生效力，因期限屆滿而失其效力。

二、遺囑之無效、失效與撤銷

遺囑之無效、不生效與撤銷，法律上並無明文規定，茲依身分行為及遺囑之特殊性與財產法之一般法理說明之❸：

(一)遺囑之無效

遺囑無效之情形如次：

1.遺囑人為無遺囑能力者（《民法》第一千一百八十六條）。

---

❸ 陳棋炎，黃宗樂，郭振恭合著，前揭書《民法繼承新論》，pp. 367–369。

2. 遺囑之內容違反強制規定或禁止規定者（《民法》第七十一條本文）。但其規定如不以之為無效者，則仍為有效（《民法》第七十一條但書）。例如遺囑違反關於特留分之規定者，並非無效，僅特留分權利人得為扣減（《民法》第一千二百二十五條）。

3. 遺囑之內容違反公序良俗者（《民法》第七十二條、司法院 26 年院字第 1656 號解釋）。惟如僅遺囑一部內容違反公序良俗者，應解為如係不可分，則遺囑全部無效；如係可分，則僅該違反之部分無效。

4. 遺囑違反法定之方式者（《民法》第七十三條，最高法院 28 年上字 2293 號判例）。但法律規定不以之為無效者，則仍為有效（《民法》第七十三條但書）。例如密封遺囑不具備第一千一百九十二條所定之方式，而具備第一千一百九十條所定自書遺囑之方式者，有自書遺囑之效力（《民法》第一千一百九十三條）。

5. 遺囑係無相對人之單獨行為，故不發生因心中保留（《民法》第八十六條）及虛偽表示（《民法》第八十七條）而為無效之問題（即恆為有效）。

㈡遺囑之不生效

　　遺囑之不生效云者，遺囑已合法成立，然因以後之事由，不能發生效力之謂。其情形如次：

1. 附解除條件之遺囑，於遺囑人死亡以前，其條件業已成就者。

2. 受遺贈人於遺囑發生效力前業已死亡者（《民法》第一千二百零一條）。

3. 附停止條件遺贈之受遺贈人，於條件成就前業已死亡者。

4. 受遺贈人於遺囑成立後，喪失受遺贈權者（《民法》第一千一百八十八條）。

5. 繼承開始時，遺贈標的物已不屬於遺產者（《民法》第一千二百零二條）。於此情形，《民法》雖規定為「無效」，然其實亦係因以後之事由，不能發生效力。

6. 以遺囑指定應繼分或為遺贈而侵害特留分時，該侵害之部分為扣減之標的（《民法》第一千一百四十三條、第一千一百八十七條、第一千二百二

十五條），惟其「不生效」有賴於特留分權利人之主張。

7.附終期之遺囑，其期限於遺囑人死亡以前已屆至者。

㈢遺囑之撤銷

以財產上事項為內容之遺囑，亦適用《民法總則》關於撤銷之規定。故關於錯誤之規定（《民法》第八十八條），亦得適用之；因被詐欺或被脅迫而為遺囑者，遺囑人亦得撤銷之（《民法》第九十二條）❹。然遺囑人於其生前得隨時依遺囑之方式或其他行為撤回其遺囑（《民法》第一千二百十九條以下），無須另以錯誤、詐欺、脅迫為理由撤銷之，故因此等理由而撤銷之情形不多。惟如以此等理由取得撤銷權者，則遺囑人之繼承人得承繼其撤銷權而撤銷其遺囑，於此情形，仍有意義（《民法》第一千一百四十八條、參照日本《民法典》第一百二十條）。至於遺囑之撤回權係遺囑人一身專屬權，不得為繼承之標的。

在附為負擔之遺贈，受遺贈人不履行其負擔時，繼承人得請求受遺贈人履行其負擔或撤銷其遺贈（《民法》第一千二百零五條，準用《民法》第四百十二條，參照日本《民法典》第一千零二十七條），然此撤銷在性質上為一種解除❺。

三、遺囑內容之承認、拋棄

《民法》明定受遺贈人在遺囑人死亡後得承認或拋棄遺贈（《民法》第一千二百零六條第一項），然解釋上不限於遺贈，遺囑內容一般均應有承認、拋棄之自由。不過，依遺囑所為之捐助行為（《民法》第六十條、第六十二條）、遺產分割方法之指定或分割之禁止（《民法》第一千一百六十五條第

---

❹ 詐欺或脅迫如出自繼承人，則構成繼承權喪失之事由（《民法》第一千一百四十五條第一項第一、二、三款）；如出自受贈人，則構成受遺贈權喪失之事由（《民法》第一千一百八十八條、《民法》第一千一百四十五條第一項第一、二、三款）。

❺ 史尚寬著，前揭書《繼承法》，p. 456。

一項）等，應尊重遺囑人之意思，不許任何人爭議，而唯有承認一途。反之，遺贈（《民法》第一千二百條以下）、監護人之指定（《民法》第一千零九十三條）、遺囑執行人之指定（《民法》第一千二百零九條）等，則應承認拋棄之自由，蓋如依遺囑人一方之意思即拘束受遺贈人或被指定人，而必須加以承認者，則不僅侵害個人之自由，同時亦帶給他人莫大之困擾也。應繼分、遺產分割方法（《民法》第一千一百六十五條第一項）、遺囑執行人（《民法》第一千二百零九條）等指定之受委託者，如唯有承認一途，而不許拋棄者，同樣亦嚴重侵害個人之自由。故此等被遺囑指定之人，不論何時，均應有拒絕之自由也❻。

實例　▶▶▶

遺囑人甲生前明知無繼承人，因感念原告乙之照顧，遂於 85 年 5 月 1 日立下遺囑，將其坐落於桃園縣中壢市仁德段〇〇地號土地及其上編號桃園縣中壢市仁愛里利仁新村〇〇號建物贈與原告乙，該遺囑除立囑日期數字為手書外，全文均由電腦打印且無遺囑人之親筆簽名，經丙及丁見證，業經證人丙到院結證屬實。係爭標的之遺產經法院裁定選任被告財政部國有財產局臺灣北區辦事處為遺產管理人。（臺灣桃園地方法院中壢簡易庭 88 年壢簡字第 1009 號）試問：

(一)被告是否因之即應將系爭標的移轉登記予原告，則仍應探究該遺囑之效力為何？

(二)若遺囑人所立遺囑無效時，可否轉換成遺贈？

(三)若遺囑人所立遺囑無效時，可否轉換成死因贈與？

---

❻　陳棋炎，黃宗樂，郭振恭合著，前揭書《民法繼承新論》，pp. 369–370。

解析

㈠查上開甲遺囑內容之文字，除立囑日期數字為手書外，餘均屬電腦文書列印，故該遺囑與《民法》之自書遺囑要件未洽。次按，代筆遺囑應由遺囑人指定三人以上之見證人，由遺囑人口述遺囑意旨，使見證人中之一人筆記、宣讀、講解，經遺囑人認可後，說明年月日及代筆人之姓名，由見證人全體及遺囑人同行簽名，遺囑人不能簽名者，應按指印代之，《民法》第一千一百九十四條定有明文。茲查，上揭遺囑乃趙李○雲提出予見證人丙、丁見證，已如前述，則其無代筆可言，況該遺囑僅有二人見證，又無遺囑人簽名或捺指印，只以蓋章代之，而《民法》第一千一百九十四條須由見證人全體及遺囑人同行簽名，遺囑人不能簽名者，應按指印代之之要式規定，要無《民法》第三條第二項得以印章代替簽名規定之適用，前司法行政部 63 年 10 月 26 日臺⑹函民字第 9255 號函意旨可憑，是該遺囑亦不符代筆遺囑規定。又遺囑須依一定之方式為之，不合一定之方式者，除《民法》第一千一百九十三條所定密封遺囑轉換為自書遺囑外，不生遺囑之效力。本件原告提出之遺囑，又無其他證據可認與其他《民法》所定遺囑方式相合，故原告所稱遺囑，雖有遺囑之名，然不具《民法》遺囑之實，當不生《民法》遺囑之效力。

㈡遺贈乃遺囑人生前依遺囑對於受遺贈人於遺囑人死亡時，無償給與財產上利益之死因行為，而不須受遺贈人之任何意思表示之謂。故遺贈必依遺囑為之，本質上為遺囑或遺囑之部分內容，若遺囑無效，其遺贈自不生效力，縱《民法》第一千一百八十七條規定，遺囑人於不違反關於特留分規定之範圍內，得以遺囑自由處分遺產。前述遺囑因欠缺遺囑之法定程式，則不論遺囑人有無遺贈之意思，本件遺囑仍不生遺贈之效力。

㈢所謂死因贈與乃以受贈人於贈與人死亡時仍生存為停止條件之贈與，屬贈與之一種，故性質上為契約，須有雙方當事人之意思表示合致，是與遺贈之單獨行為不同。該遺囑並非在甲與原告之雙方合意下所為，是與學說與實務所承認之死因贈與要件亦不符合。

第二節　世界各國遺囑效力之比較與我國修法之建議

遺囑的法律效力是指立遺囑人在遺囑中所作的意思表示得以實現的效力。以下歸納世界各國有關遺囑效力之規定❼：

一、遺囑發生法律效力的時間標準

遺囑發生法律效力的時間開始於遺囑人死亡之時，這是世界各國的通例。如日本《民法典》第九百八十五條明文規定，遺囑自遺囑人死亡時起發生效力。法國《民法典》第八百九十五條、韓國《民法典》第一千零七十三條第一項等，均有類似的規定。

二、遺囑無效

世界各國許多國家的民事立法，都有關於遺囑內容不得違反法律和社會道德、善良風俗之類的規定，倘若違反，則遺囑沒有效力。如前東德《民法典》第三百七十三條第一項規定，遺囑觸犯法律禁條或與社會主義道德準則不相容的無效。匈牙利《民法典》第六百四十七條第二項，附有違法延期條件的遺囑處分無效，而違法的撤銷條件則可不予理睬。法國《民法典》第九百條規定，在一切生前贈與和遺囑的條款中，不可能的條件，違反法律和善良風俗的條件應視為未訂立。瑞士《民法典》第四百八十二條，遺囑人對於其遺囑的處分附以負擔或條件，於其發生效力時，其利害關係人均得請求其執行。但是，若這種負擔或條件有悖於善良風俗或者違法的，其處分無效，負擔或條件僅為他人的困擾或無意義者，其負擔或條件視為不存在。

三、無行為能力或者行為能力受限制的人所立的遺囑無效

世界許多國家的繼承立法，都有公民遺囑能力的規定；沒有規定公民

---

❼　陶希晉總編，前揭書《中國民法學·財產繼承》，pp. 426–439。

的遺囑能力的，則公民的行為能力就是公民的遺囑能力。凡有完全行為能力的人都可以訂立遺囑處分自己死後的遺產。世界各國的《繼承法》，幾乎無一例外地都承認無遺囑能力的人所訂立遺囑的無效性。例如，瑞士《民法典》第五百十九條第一項第一款，遺囑係被繼承人無遺囑處分能力時訂立的，其繼承人或利害關係人可以申請法院宣告遺囑無效。沒有規定公民的遺囑能力的國家，則認為沒有行為能力的人所立的遺囑無效。例如，匈牙利《民法典》第六百四十八條規定受保護並喪失行為能力的人所做的遺囑無效。

四、違背遺囑人真實意思的遺囑無效

世界各國的繼承立法，幾乎無一例外地都認為，違背被繼承人真實意思表示所立的遺囑無效，被繼承人受脅迫、欺騙所立的遺囑無效，偽造、竄改的遺囑無效。例如，德國《民法典》第二千零七十八條規定，被繼承人對自己意思表示的內容有錯誤，或者不願意為此種內容的意思表示，並如知其有此情形即不為此意思表示者，得撤銷此項終意處分。被繼承人因錯誤地認為或錯誤地期待事情的發生或不發生，或者，因受脅迫而違法地決定為處分時亦同。瑞士《民法典》第五百十九條第一項第二款、第四百六十九條第一項規定，遺囑未正式表示被繼承人的意思，得申請法院宣告遺囑無效。被繼承人因誤解、受騙、在受脅迫或被強制的情況下訂立的遺囑無效。前東德《民法典》第三百七十四條第一項規定，遺囑人陳述自己意旨時發生錯誤，且若本人瞭解此種情勢，將不至於作該陳述者，其所作的遺囑處分可以廢除。因受詐欺或非法脅迫所作的遺囑處分亦可廢除。匈牙利《民法典》第六百四十九條第一項，被繼承人對自己的意思表示的內容有誤解，或者根本不願意作出這種內容的意思表示的遺囑無效；對某個問題的錯誤推測或隨之產生的不切實際的幻想，驅使被繼承人作出這種意思表示的遺囑無效；被繼承人在某人非法威脅或欺騙之下作出處分的，以及被繼承人不會作出這種處分的其他情形下所立的遺囑皆無效。

臺灣、香港、澳門與大陸地區遺囑效力之比較：

(一)遺囑發生效力的時間相同

　　兩岸四地對於遺囑發生效力的時期均始於遺囑人死亡之時。遺囑附有停止條件、期限者，均自條件成就或始期屆至者發生效力，惟大陸方面，有學者更明確的表述，附停止條件的那一部分遺囑內容應當在其條件成就時發生法律效力。即所有的遺囑都應在遺囑人死亡時發生法律效力後，才能考慮附條件、附期限的那一部分遺囑內容的法律效力問題。本文認為，此種表述應指為部分遺囑內容所設的條件或期限而言，而非指以全部遺囑內容所設定之條件或期限的限制，而且所有的遺囑都應在遺囑人死亡時發生法律效力，應僅指遺囑中未設有條件或期限的部分或是單純遺囑，如此才能自圓其說。

(二)以遺囑為捐助行為而設立財團法人或立遺囑人以籌建中的法人為受遺贈人，其捐助財產或受遺贈財產在何時歸於該法人，均未明文規定

　　兩岸四地對此問題，均未設明文規定而且學說紛歧。臺灣方面，更有四種不同學說[8]：

(1)有主張財團設立人之繼承人或遺囑執行人，應於許可設立時，移轉該財產，法人此時亦僅有此請求權[9]。

(2)有採與日本《民法典》規定相同之解釋者。日本《民法典》第四十二條第二項規定：「以遺囑為捐助行為者，其捐助財產視為自遺囑發生效力時起，歸屬於法人」[10]。

---

❽　陳棋炎，黃宗樂，郭振恭合著，前揭書《民法繼承新論》，p. 364。

❾　陳克生著，《民法通義總則》，p. 128；轉引陳棋炎，黃宗樂，郭振恭合著，前揭書《民法繼承新論》，p. 364。

❿　陳棋炎著，前揭書《民法繼承》，p. 262；戴炎輝著，前揭書《中國繼承法》，pp. 256–257；胡長清著，前揭書《中國繼承法論》，p. 208；羅鼎著，前揭書《民法繼承》，pp. 202–203。

(3)有根據物權變動之原理，主張捐助財產如為不動產物權，則於登記（《民法》第七百五十八條）時，如為動產物權，則於交付（《民法》第七百六十一條）時，財團法人始取得所有權或其他物權，但捐助財產如為得以讓與之意思逕行移轉之權利者（如債權），則除別有表示外，應自財團成立時起，當然歸屬於財團 ❶。

大陸方面，學者所見，大陸《繼承法》對此無明文規定的情況下，不妨採納日本《民法典》的作法，因為它適應大陸經濟發展的需要 ❷。

㈢有遺囑無效之規定

臺灣、大陸與澳門對於無遺囑能力所為之遺囑、遺囑內容違反法律、法定方式、公序良俗或社會主義道德準則等均為遺囑無效之定。

㈣有遺囑不生效之規定

臺灣、大陸與澳門對於附解除條件的遺囑，在遺囑人死亡以前，其條件業已成就、受遺贈人在遺囑繼承開始前已經死亡；附有停止條件的遺囑，受遺贈人在條件成就以前已經死亡、受遺贈人於遺囑作成之後，喪失受遺贈權、遺囑或遺贈標的物已不存在，或者已不屬於遺產等均屬遺囑之不生效。

我國《民法》對於違背遺囑人真實意思的遺囑無效並無明文規定，依據我國《民法》第九十二條第二項規定：「被詐欺而為之意思表示，其撤銷不得以之對抗善意第三人。」換言之，當被繼承人受欺騙所立的遺囑並非當然絕對無效，讓有心人士利用善意第三人達到詐騙之目的，故我國應防堵這項法律漏洞，凡是利用詐欺、脅迫、偽造或竄改等手段，只要是違背遺囑人真實意思的遺囑應屬無效。我國《民法》可以參考德國《民法典》第二千零七十八條規定、瑞士《民法典》第五百十九條第一項第二款、第四

---

❶ 王澤鑑著，《民法實例研習叢書㈡民法總則》，三民書局，1983 年 11 月初版，p. 154。

❷ 陶希晉總編，前揭書《中國民法學‧財產繼承》，p. 431。

百六十九條第一項規定及匈牙利《民法典》第六百四十九條第一項規定，增訂我國《民法》第一千一百九十九條之一規定：「違背遺囑人真實意思表示所立的遺囑無效。」

　　以下為香港特別行政區高等法院對於遺囑效力之判決：

HCAP0000002/1996

香港特別行政區

高等法院

原訟法庭

遺囑認證司法管轄權

HCAP 3/1996

原告人　　　　陳榮煥

　　　　　　　吳以回

　　　　　　　對

被告人　　　　劉美珍

及

HCAP 2/1996

原告人　　　　劉美珍

　　　　　　　對

被告人　　　　陳榮煥

　　　　　　　吳以回

（根據聆案官簡凌志於 1996 年 9 月 24 日之命令，兩宗案件須合併處理）

審理法官：高等法院原訟法庭法官任懿君

審聆日期：1999 年 11 月 24 日

宣判日期：1999 年 11 月 24 日

判決書

1. 本案案情非常清晰。死者陳社文先生乃原告人陳榮煥之兄長，亦為被告人劉美珍女士之前夫，於 1995 年 7 月逝世。他在 1970 年曾在一律師樓立下一份遺囑；而

遺囑內容為：其全部產業遺給其弟之子陳炳勳先生。根據當時情況，位於寶靈街之物業乃其父所購入，後轉名成為其母之物業。當日，其母亦把該物業再轉名成為陳社文先生之物業。陳社文先生在律師樓辦理轉名手續時，立下一份遺囑，清楚表示由於膝下猶虛，故希望此項物業以後要由陳家子嗣承繼。

2. 陳社文先生於 1995 年 7 月 27 日逝世。根據陳炳勳先生之證供所述，他於 8 月 1 日跟其姐或妹陳玉婷前往寶靈街之物業，要求劉女士搬返福榮街處。雙方吵鬧之際，有人傳召了警員到場。陳炳勳先生表示，當時劉女士承認：她並沒有任何前夫所留的遺囑，也沒有得到前夫之口頭准許或者書面准許，讓她繼承寶靈街之物業。劉女士於證人臺作供時，亦表示：她當時沒有想過這問題。而警員也曾向她表示，將來物業應歸誰人所有，便歸誰人所有。

3. 根據劉女士之說法：陳社文先生於 1995 年 5 月 29 日，已寫下一份遺囑予她，就是 000 頁的那一份，當時後面是有：「另九龍寶靈街 11 號 A5 樓業權歸劉美珍」這句子在內，並有見證人簽署。她同意當時該份遺囑是應在寶靈街物業的房間內，但她並沒有把它拿給警員看。

4. 根據文件顯示，1995 年 8 月 20 日，劉女士以一份中文遺囑，於江門市紅江區的人民法院提出訴訟，希望繼承陳社文先生位於江門市紅花社的一些物業。當時她所呈遞的文件，乃 005 頁的那份文件。按照江門市公證處之公證員余康先生於其聲明書內所指出：005 頁之文件，即當日呈遞法庭的文件，只是一份傳真副本，而該傳真副本只提及了江門市紅花社 8 號至 18 號之樓舖，並無提及寶靈街 11 號 A5 樓這物業。

5. 訴訟於 8 月提起後，原告人在 10 月收到了一份江門市法院發出的傳票。於是，他們便在 12 月去江門市。在該宗訴訟中，雙方同意和解，並簽署一份和解協議書。結果，雙方同意將陳社文先生所擁有的那部份，分成 6 份；劉美珍女士佔六份之二，陳榮煥先生佔六份之三，而陳炳勳先生則佔六份之一。他們於訴訟達成和解後，返回香港。在此以前，他們在 11 月時透過當時代表劉女士的律師獲悉劉女士持有一份陳先生的中文遺囑。雙方和解後，陳先生一等人返回香港，在 1996 年 1 月，要求劉女士的代表律師出示該份所謂是中文遺囑副本。他們取得該副本後一看，發現該份文件，跟他們在江門市所見、後來公證書批出的副本，並不相同。該文件的後段，多出了大陸樓舖的以下的一段：

6. 「大陸樓舖，另九龍寶靈街 11 號 A5 樓業權歸劉美珍」。此句子並沒有出現於江

門市之副本內。而此新副本的末段，是有見證人鍾蔚蓮一項，但該大陸副本上卻沒有見證人。

7. 劉女士表示，她已年紀老邁，對很多事情的印象可能已不太清晰。然而，本席觀其作供時的表現，卻感到她雖欲使本席相信她是愚蠢的，但事實她卻非如此。實際上，她是一個非常精明的人，知道事情的癥結所在。她最初表示，陳先生立下了一份遺囑，又把一份遺囑交給她；但後來卻說，陳社文先生立下了兩份遺囑：沒有記載寶靈街物業的那一份，拿到了中國去；而載有寶靈街的那一份，則留在香港。

8. 及後，她續稱陳先生只是把後面的那一段，影印下來，即「大陸樓舖」至「寶靈街歸劉美珍」這一句子。換句話說，見證人一項應是仍然存在的。其後，她發現005頁內並無見證人一項時，便說他把見證人鍾蔚蓮一項也遮蓋起來，但她卻不大清楚，為何他要把見證人鍾蔚蓮一項遮蓋著。本席認為，劉女士的證供並不可信。不論是005頁或者是000頁的中文遺囑，其所以出現之情況，本席認為，並非如劉女士所述的一樣。換句話說，本席不能接納於000頁的文件，乃陳社文先生之遺囑。

9. 本席認為，原告人已清楚證案。陳社文先生於1970年所立下的遺囑，確實已將其所有的遺產，贈予其姪兒陳炳勳先生。當中若有任何產業乃屬劉美珍女士個人所擁有，則遺產承辦人便應按照產業權來辦理，例如，她所曾支付的殮葬費，應從產業內扣除；這些支出是不應由劉女士承擔的。至於劉女士的其他申請，本席不予接納。

10. 本席命令：

(1) 本席以嚴謹的法律形式，宣告上述死者陳社文先生在1970年6月20日立下之遺囑，是唯一的遺囑。

(2) 訟費如慣常情形一樣，須視乎訴訟結果而定。故此，被告人劉女士須支付是項遺囑認證訴訟之訟費予原告人。

（任懿君）
高等法院原訟法庭法官

原告人：由卡永利湛耀強律師行延聘葉志康律師代表

被告人劉美珍，無律師代表

第六章　遺囑之執行

遺囑之執行，乃於遺囑人死亡後，法律上實現遺囑內容所必要之手段。遺囑執行制度發源於日耳曼法，近代各國民法，均認有此制度❶。最早對遺囑執行人從立法上加以肯定的是 1804 年法國的《民法典》，而對遺囑執行人規定最為詳細、完備的莫過於 1900 年德國的《民法典》。日本《民法典》、保加利亞《繼承法》對遺囑執行人也有規定。在英美法系各國的繼承法中，遺囑執行人（有的稱遺產管理人）起著極為重要的作用。1964 年蘇俄《民法典》也對遺囑的執行和遺囑執行人的權限作了規定。由此可見，在《民法典》（或單行繼承法）中規定遺囑執行人制度，已成為當今世界立法之通例❷。

第一節　遺囑執行之準備程序

遺囑在其執行前，應有先行之準備程序，即遺囑之提示及開視程序❸。

一、遺囑之提示

遺囑之提示，係勘驗程序之一種，即以確保被繼承人之真意為目的，就其形式及狀態，予以調查、確認，防止他日之偽造、變造，並確實加以保存之程序也。《民法》第一千二百十二條規定：「遺囑保管人，知有繼承開始之事實時，應即將遺囑提示於親屬會議。無保管人而由繼承人發見遺囑者亦同。」由此可見，不論何種方式的遺囑，遺囑保管人或發現遺囑的繼

---

❶　陳棋炎著，前揭書《民法繼承》，p. 370。
❷　譚啟平，〈遺囑執行人初探〉，《法學雜誌》，1986 年第 3 期（總第 36 期），p. 18。
❸　戴炎輝，戴東雄合著，前揭書《中國繼承法》，p. 274。

承人，在知道繼承開始時都有義務立即向親屬會議提示。如果違反此項義務的是繼承人或受遺贈人，根據第一千一百四十五條第一項第三款或第一千一百八十八條規定，應承擔隱匿遺囑而喪失繼承權或受遺贈人的法律後果。如違反此項義務的是第三人，則應對其未提示遺囑而使繼承或受遺贈人遭受之損害承擔賠償責任。遺囑的提示是遺囑執行的準備程序，即使未履行這一程序，依司法判例（最高法院 22 年上字 1855 號判例：「遺囑保管人，知有繼承開始之事實時，依法，固應將遺囑提示於親屬會議；但遺囑保管人，不於其時，將遺囑提示於親屬會議，於遺囑之效力，並無影響。」），並不影響遺囑的效力❹。

二、遺囑之開視

遺囑之開視云者，開啟封緘視看或視聽遺囑之內容也❺。我舊《民法》第一千二百十三條規定：「密封遺囑非在親屬會議當場，不得開視。」但事實上遺囑經封緘者，不限於密封遺囑，其他如自書遺囑、代筆遺囑及口授遺囑，亦均得加以封緘，且開視不必侷限於親屬會議。故民國 74 年繼承編修正時，仍修正為「有封緘之遺囑，非在親屬會議當場或法院公證處不得開視。」（《民法》第一千三百十三條第一項）❻。這是為了明確遺囑內容，防止繼承人或遺囑保管人私自開拆，有助於查驗遺囑的真實可靠。尤其是密封遺囑和以錄音方法作成的口授遺囑，如不經開視程序，而允許隨意開拆，就難以確認其真實可靠性❼。有封緘之遺囑開視時，依現行法規定應製作紀錄，記明遺囑之封緘有無毀損情形或其他特別情事，並由在場之人同行簽名（《民法》第一千二百十三條第二項），以資證明。不遵守此程序而開視時，並無行政上之處罰（日本《民法典》第一千零五條，處以罰款；但如此立法例甚少）❽。遺囑之開視，與遺囑之提示同，亦非遺囑執行之

---

❹ 胡大展主編，前揭書《臺灣民法研究》，p. 527。

❺ 陳棋炎，黃宗樂，郭振恭合著，前揭書《民法繼承新論》，p. 374。

❻ 周金芳著，《兩岸繼承法之比較研究》，文笙書局，1993 年 4 月出版，p. 304。

❼ 胡大展主編，前揭書《臺灣民法研究》，p. 528。

有效要件，縱令不經開視程序，密封遺囑亦不因而無效 ❾。

第二節　遺囑執行人

一、遺囑執行人之意義

遺囑執行人 (Testamentsvollstarecker, executer testamen-taire, excutor of will)，謂為遺囑之執行，而被指定或選任之人。

二、遺囑執行人之性質

遺囑執行人之性質為何？學說甚為紛歧，其中重要者大別之可分為代理權說與固有權說 ❿：

㈠代理權說

此說係以代理之理論說明遺囑執行人之性質，又可分為三說：

1.被繼承人（遺囑人）代理說

此說主張遺囑執行人為被繼承人（遺囑人）之代表人或代理人。此說最能說明遺囑執行人須依遺囑人之意思忠實執行其職務。然此說承認死亡人有人格，與《民法》第六條之規定不合。

2.繼承人代理說

此說主張遺囑執行人為繼承人之代理人。解為遺囑執行人所代理繼承人者，恆為僅關於遺產者，固屬正確，但於遺囑執行人為繼承人或認領或遺囑執行人對繼承人提起訴訟之場合，則顯然不當。且無繼承人時，形式上遺囑執行人亦無從視為繼承人之代理人也。

---

❽　戴炎輝，戴東雄合著，前揭書《中國繼承法》，p. 277。

❾　胡長清著，前揭書《中國繼承法論》，p. 226；羅鼎著，前揭書《民法繼承》，p. 226。

❿　陳棋炎，黃宗樂，郭振恭合著，前揭書《民法繼承新論》，pp. 379–381。

3.遺囑代理說

此說主張繼承財產為獨立之特別財產，而以遺囑執行人為此財產（遺產）之代表人或代理人。然繼承財產有無法律上之主體性，頗有疑問。又遺囑無關於遺囑之事項者，此說亦無從說明。

㈡固有權說

此說認為遺囑執行人之執行遺囑乃本於其固有之職權，既非專為受益人之利益為之，亦非純為繼承代理人，而為一獨立之主體。復可分為三說：

1.機關說

此說主張遺囑執行人係保護遺囑利益及實現遺囑人意思之機關。因係機關，故與代理不同，毋須有本人之存在。然此說有將利益人本身予以人格化，或承認被繼承人或遺產之法人格，顯難贊同。

2.限制物權說

此說主張以遺囑執行人為遺囑人之限制，包括繼承人或受託人，於遺產上享有限制物權。然就他人財產得為有效處分者，並不限於物權人，且將財產管理權一律視為物權，亦有違現代之法理，故此說亦不足採。

3.職務說

此說主張遺囑執行人如同破產管理人於職務上有其固有的法律地位，亦即遺囑執行人並非代理任何人，而係基於自己之權利，於遺囑所定之範圍內，獨立的為他人利益處理他人之事務。然此說僅謂職務，對於遺囑執行人究為如何性質，具有如何權限，並未加以說明，且遺囑執行人雖以自己名義為法律行為或訴訟行為，但其效果仍一律歸屬於繼承人、受遺贈人或其他利害關係人，則此說與繼承人代理說究有如何差別，亦不無疑問。

以上各說，均有其根據，但亦均有缺點。法國《民法典》中，遺囑執行人限於依遺囑之指定，不認有法院之選任。故法國學者以遺囑執行人為遺囑人之委任代理人。英美法大體上以遺囑執行人為遺囑人之人格代表者(personal representative)，為管理清算，而承繼遺產。薩克遜《民法典》明

定遺囑執行人視為繼承人之代理人（《民法典》第二千二百四十四條）。德國《民法典》第一次草案上有「遺囑執行人為繼承人之法律上代理人」之文字（《民法典》第一千九百零三條第一項），但第二次草案以後即被刪除，但為日本《民法典》（第一千零十五條、舊法第一千一百十七條）、韓國《民法典》（第一千一百零三條第一項）所採用。德國判例通說則採職務說。我《民法》明定：「遺囑執行人因前項職務所為之行為，視為繼承人之代理。」（第一千二百十五條第二項），其採用繼承人代理說，然通說仍尊重《民法》第一千二百十五條第二項之規定，採取繼承人代理說❶❶。判例忠實於《民法》第一千二百十五條第二項之規定，採繼承人代理說（最高法院 46 年臺上字 236 號判例）。

三、遺囑執行人之產生

我國《民法》上，遺囑執行人產生之方法，先尊重遺囑人之意思，由該人指定（《民法》第一千二百零九條）；次由親屬會議，最後由法院選任之（《民法》第一千二百十一條）。產生方法如下：

(一)以遺囑指定，或委託他人指定（《民法》第一千二百零九條）

1. 本項執行人之指定，或指定之委託，應依法定方式，以遺囑為之；但與應予執行之遺囑，同時以同一遺囑，抑或嗣後以另一遺囑，以另一種方式為之，均無不可（《民法》第一千二百零九條第一項）❶❷。

2. 遺囑執行人之指定或指定之委託，係單獨行為，無庸被指定人或受託人之承諾；但被指定人願意就任與否，受委託人願意指定與否，均任其自由❶❸。

---

❶❶　胡長清著，前揭書《中國繼承法論》，p. 231；羅鼎著，前揭書《民法繼承》，p. 233；陳棋炎，黃宗樂，郭振恭合著，前揭書《民法繼承新論》，p. 257；史尚寬著，前揭書《繼承法》，pp. 519–520。

❶❷　胡長清著，前揭書《中國繼承法論》，p. 228；羅鼎著，前揭書《民法繼承》，p. 229。

3.被指定人或受委託人，願否就任或指定，應向親屬會議表示之。蓋若此等人不願就任或指定時，應由親屬會議另行選定遺囑執行人之故。

4.受委託人應立即指定遺囑執行人，並通知繼承人（《民法》第一千二百零九條第二項）。

5.被受委託人指定為遺囑執行者，固得自由決定願意就任與否，而向受委託人表示。

6.倘被指定人不願就任，受委託人不得另行指定他人為遺囑執行人。

7.指定遺囑執行人之人數，一人或數人，均無不可❶。

(二)由親屬會議選定（《民法》第一千二百十一條前段）

1.遺囑人未指定遺囑執行人，又未委託他人指定時，得由親屬會議選定之。

2.「得」云者，應解為親屬會議有選定權限之意，與本條後段之法院「得」指定者亦同。故如無《民法》第一千二百零九條規定之遺囑執行人時，親屬會議須予選定，並非亦可不予選定之意；而繼承人及其他利害關係人，亦不得逕向法院聲請指定。

3.遺囑人雖指定遺囑執行人，或委託他人指定之；但被指定人不願意就任，或不願意指定遺囑執行人時，亦應由親屬會議予以選定。

(三)由法院指定（《民法》第一千二百十一條後段）

1.親屬會議未能依法成立，或雖已成立而不能決議，則非另行設法不可。故《民法》規定，由利害關係人，聲請法院指定遺囑執行人。

2.其管轄法院，為遺囑人（被繼承人）之普通裁判籍所在地之法院（《民事訴訟法》第十八條）。

---

❸ 胡長清著，前揭書《中國繼承法論》，p. 228；羅鼎著，前揭書《民法繼承》，p. 230。

❹ 范揚著，《繼承法要義》，商務印書館，1935 年 7 月出版，p. 207。

四、遺囑執行人之資格

(一)缺格之事由

　　未成年人及禁治產人不得為遺囑執行人（《民法》第一千二百十條）。蓋遺囑執行人必要時須編製遺產清冊，且有管理遺產並為執行上必要行為之職務（《民法》第一千二百十五條第一項），自非精神身體健全之人，不克勝任，故《民法》設此規定也。茲稱未成年人，而不稱無行為能力人，顯係專就年齡上加以限制，故未成年人雖因結婚而有行為能力，亦不得為遺囑執行（司法院 26 年院字第 1628 號解釋、通說）。

1. 繼承人是否得為遺囑執行人？我國通說採肯定說❶，有採否定說者，謂：「繼承人與遺囑有重大利害關係，如以之為遺囑執行人，則受遺贈人之利害常為繼承人所左右，不足以貫徹遺囑之目的，在解釋上應以從否定說為是❶。亦有採折衷說者，謂：「單獨繼承人除委託為受遺贈人負擔之執行外，不得指定為遺囑執行人。共同繼承人中之一人或數人，雖亦得指定為遺囑執行人，但其全體則否」❶。

2. 受遺贈人得為遺囑執行人，關於此點，當無異論。

3. 遺囑之見證人，公證人亦不妨為遺囑執行人。

4. 外國立法例有以破產人不得為遺囑執行人者（例如日本《民法典》第一千零九條、韓國《民法典》第一千零八十九條），我《民法》無以明文排除，似不宜為擴張解釋而否定之❶。

❶ 羅鼎著，前揭書《民法繼承》，p. 229；范揚著，前揭書《繼承法要義》，p. 206；戴炎輝著，前揭書《中國繼承法》，p. 248；陳棋炎著，前揭書《民法繼承》，pp. 253–254。

❶ 胡長清著，前揭書《中國繼承法論》，p. 232。

❶ 史尚寬著，前揭書《繼承法》，pp. 533–534。

❶ 羅鼎著，前揭書《民法繼承》，p. 234；胡長清著，前揭書《中國繼承法論》，p. 233。

5. 受遺囑執行人指定之委託者，如遺囑無禁止之表示者，不妨指定自己為遺囑執行人 ❶❾。

(二)缺格之效果

指定或選定缺格者為遺囑執行人，不問由於遺囑人、受委託人之指定、親屬會議之選定或法院之指定，其指定或選定，均為無效。遺囑執行人合法就職後，而有受禁治產之宣告時，當然喪失其資格 ❷⓿。遺囑缺格者為遺囑執行人所為人行為，可認為係一種無權代理（《民法》第一千二百十五條第二項），而解為因繼承人之承認而為有效 ❷❶。

五、遺囑執行人之職務

遺囑執行人就任後，即應履行執行遺囑的職務，主要有如下幾項 ❷❷：

(一)編制遺產清冊

《民法》第一千二百十四條規定：遺囑執行人就職後，於遺囑有關之財產，如有編制清冊之必要時，應即編制遺產清冊與限定繼承、無人承認繼承場合下的限定繼承人、遺產管理人編制遺產清冊，如被繼承人的遺產簡單而無編制遺產清冊的必要，則無須編制；而在後兩種場合，限定繼承、遺產管理人則必須編制遺產清冊，其次，遺囑執行人僅就與遺囑有關的財產編制清冊，而在後兩種場合，限定繼承，遺產管理人則必須就全部遺產編制清冊。再次，遺囑執行人編制的遺產清冊交付繼承人，在後兩種場合中，限定繼承人編制的遺產清冊應呈報法院，但是遺產管理制遺產清冊，法律並不要求交付。最後，遺囑執行人應於何時編制遺產清冊。法律無明

❶❾　史尚寬著，前揭書《繼承法》，p. 534。

❷⓿　羅鼎著，前揭書《民法繼承》，p. 234；胡長清著，前揭書《中國繼承法論》，p. 232；史尚寬著，前揭書《繼承法》，p. 534。

❷❶　史尚寬著，前揭書《繼承法》，p. 534。

❷❷　胡大展主編，前揭書《臺灣民法研究》，pp. 529–531。

文規定；而在後兩種場合，限定繼承人應於繼承開始時起三個月內，遺產管理人則應於就職後三個月內編制遺產清冊。遺產清冊編製之費用屬於遺囑執行之費用，由遺產支付之（《民法》第一千一百五十條）。

(二)管理遺產並為執行遺囑必要的行為

《民法》第一千二百十五條第一項規定：「遺囑執行人有管理遺產並為執行上必要行為之職務」。為了執行遺囑，實現遺囑內容，遺囑執行人必須對遺產實行管理，即實際占有遺產。如果遺產被繼承人或其他人占有，遺囑執行人應向他們請求轉移占有，以實現對遺產的實際控制，便於遺囑的執行。如上所述，遺囑執行人管理遺產亦以與遺囑有關的遺產為限，對於遺囑無關的遺產，遺囑執行人不負管理責任。此外，遺囑執行人有清償被繼承人的債務，依遺囑指定分割遺產、交付遺贈物、為執行遺囑而獨立起訴等職務。

(三)排除繼承人的妨害

《民法》第一千二百十六條規定：「繼承人於遺囑執行人執行職務中，不得處分與遺囑有關之遺產，並不得妨害其職務之執行」，這一規定是為了保證遺囑執行人獨立且順利地執行遺囑。繼承人不得妨害遺囑執行人執行其職務。如果繼承人擅自處分與遺囑有關的遺產，或以其他行為妨害遺囑執行人執行遺囑，遺囑執行人可以請求法院排除妨害。

(四)數個遺囑執行人執行職務的方法

如上所說，遺囑執行人不論是指定還是選定的，人數不受限制。如果有數個遺囑執行人應如何執行其職務?《民法》第一千二百十七條規定：「遺囑執行人有數人時，其執行職務，以過半數決之。但遺囑另有意思表示者，從其意思」。這就是說，如果遺囑人在遺囑中無特別意思表示，則以過半數通過決定執行遺囑的方法。如果遺囑人在遺囑中明確規定必須全體遺囑執

行人共同執行，或者規定三分之二多數遺囑執行人執行，或者規定某一遺囑執行人單獨執行，均無不可。遺囑執行人應當尊重遺囑人的意思，不得隨意改變。

六、遺囑執行人任務之終了

遺囑執行人之任務，於次述情形，即行終了。

1. 遺囑執行終了。

2. 遺囑執行人死亡。

3. 遺囑執行人受禁治產宣告（《民法》第一千二百十條）。

4. 遺囑執行人解職（《民法》第一千二百十八條）。遺囑執行人怠於執行職務，或有其他重大事由時，利害關係人即得請求親屬會議改選他人；由法院指定者，則向法院聲請，予行指定他人。

5. 遺囑執行人之辭職，關於此點，我國《民法》雖無明文規定，但有正當理由時，自應准其辭職（德國《民法典》第二千二百二十六條；日本《民法典》第一千零十九條第二項規定，須得家庭裁判所之許可）。

實　例 ▶▶▶▶

　　甲為乙之遺囑執行人，乙書立遺囑內容僅將其名下所有不動產全部遺贈予丙外並未提及現金、應收票款、應收貸款、應收債券、首飾戒指等動產，甲發現乙生前持有丁公司所簽發，經戊背書之新臺幣四千八百五十萬元支票四紙，於是聲請臺灣桃園地方法院民事執行處拍賣戊於民國八十二年七月十四日，設定本金最高限額五千萬元抵押權予乙之所有坐落桃園縣中壢市水尾段水尾小段○○○地號土地，試問：（參考最高法院民事第一庭91年臺上字第786號）

　(一)遺囑執行人是否可以處理與遺囑內容無關的遺產？

　(二)遺囑執行人對於逾遺囑範圍之遺產，是否有管理處分及訴訟實施權？

解析

㈠遺囑執行人之管理權限僅限於與遺囑有關之遺產，與遺產管理人悉就全部遺產有管理權限迥異，此參諸二者關於遺產清冊之編製，前者僅於必要時編製，並以與遺囑有關之遺產為限，而後者則一定要編製，且就全部遺產為之，並應於就職後三個月內編製之甚明。再參照遺產管理人之選定、職務、有無報酬等規定，俱與遺囑執行人迥異，益能區分遺產管理人及遺囑執行人，本有不同之考量，實難混為一談。

㈡依《民法》第一千二百十六條之規定，繼承人就與遺囑無關之遺產，並不喪失其管理處分權及訴訟實施權，是同法第一千二百十五條所定遺囑執行人有管理遺產之權限，即應以與遺囑有關者為限，逾遺囑範圍之遺產，其管理處分及訴訟實施權並不歸屬於遺囑執行人。

第三節　世界各國遺囑執行人之比較與我國修法之建議

世界各國關於遺囑執行人的產生方法大同小異[23]：

一、由遺囑人指定遺囑執行人或委託第三人指定遺囑執行人

德國、日本、韓國等均持此種立法例。

二、遺囑人只能以遺囑指定一人或數人為遺囑執行人，不得委託他人代為指定遺囑人，也不承認法院選任遺囑執行人

法國、瑞士《民法典》持此種觀點。瑞士《民法典》基於遺囑獨立，不受他人干預之原則，解釋為遺囑人只能自己指定遺囑執行人。蘇聯《民法典》也只規定遺囑人可以指定遺囑執行人，而且主要是指定法定繼承人為遺囑執行人。對於指定法定繼承人以外的人為遺囑執行人時則在程序上有嚴格的規定。蘇聯是不承認委託他人代為指定遺囑執行人。

[23]　陶希晉總編，前揭書《中國民法學・財產繼承》，pp. 454–455。

三、無遺囑執行人或遺囑執行人不執行時，由法院選任遺囑執行人

　　此點各國大體一致，如日本、德國、韓國等均持此種立法例。

四、沒有指定遺囑執行人或遺囑執行人出缺時，繼承人為當然的遺囑執行人

　　韓國持此種立法例，與古羅馬的規定相同。

五、遺囑人除可指定遺囑執行人外，還可以指定補充遺囑執行人

　　以此作為遺囑執行人出缺時的救濟方法，德國、瑞士、法國均持此種立法例。

　　世界各國關於遺囑執行人資格的規定大同小異❷：

一、未成年人、禁治產人均不得被指定為遺囑執行人

　　法國《民法典》第一千零二十八條、第一千零三十條、德國《民法典》第五百十七條第一項、日本《民法典》第一千零九條、瑞士等均有此規定。其中，日本《民法典》除規定未成年人、禁治產人不得為遺囑執行人以外，還規定破產者也不得為遺囑執行人。

二、法人可以被指定為遺囑執行人

　　法國、瑞士、日本、英國等均持此種主張。

三、世界上在對待法定繼承人是否可以成為遺囑執行人的問題上，有兩種截然相反的主張。一種持肯定的觀點，另一種是持否定的觀點。還有一種是介乎於二者之間的觀點

　　持肯定觀點的國家有：以蘇聯為代表。蘇聯《民法典》規定，遺囑執

---

❷　陶希晉總編，前揭書《中國民法學・財產繼承》，pp. 459–460。

行人通常可由遺囑人在法定繼承人中指定，而對法定繼承人以外的人被指定為遺囑執行人時，則要求在遺囑書上或附在遺囑書後的聲明上簽字表示同意。

持否定觀點的國家有日本。日本學者多認為，日本《民法典》關於遺囑執行人的規定，不包含繼承人在內。因繼承人與遺囑有密切的利害關係，若繼承人為遺囑執行人，則受遺贈人或其他利害關係人的利益得不到保證。

介乎兩種觀點之間有德國、瑞士等。德國的《民法典》多解釋為，共同繼承人可為遺囑執行人，單獨繼承人不得為遺囑執行人。瑞士《民法典》解釋為單獨繼承人或繼承人全體不得被指定為遺囑執行人，當繼承人有數人時，應委託其中一人為遺囑執行人。

四、世界各國的民法一般均認為，受遺贈人或其他利害關係人以及遺
　　囑的見證人等，均可以被遺囑人指定為遺囑執行人

臺灣、香港、澳門與大陸地區對於遺囑生效後，遺囑如何執行之規定並不完全一致，茲分述如下：

一、遺囑執行之準備程序，僅臺灣方面有明文規定

在臺灣方面，遺囑在其執行前，應有先行之準備程序，即遺囑之提示及開視程序（《民法》第一千二百十二條及第一千二百十三條），在香港、澳門與大陸方面，則未有明文規定。

二、遺囑執行人之性質（法律地位）規定精神並不一致

兩岸四地對於遺囑執行人之法律地位，在法學界眾說紛紜，然而大體上亦可分為兩大類，即代理權說與固有權說。臺灣方面，在《民法》第一千二百十五條第二項採用繼承人代理說，通說也採此說。香港採取代理說，依據香港《遺囑條例》第二條釋義：「遺產代理人指死者當時的遺囑執行人（不論是原本指定的或是其遺產代理人）或遺產管理人」。澳門與大陸地區

《繼承法》對此雖無明文規定，但根據繼承立法的精神，傾向於採取遺囑人的代理人說，故兩岸四地對此之立法精神並不一致。

三、遺囑執行人之產生方式不同

臺灣方面，對於遺囑執行人產生之方法，有遺囑人以遺囑指定執行人，或委託他人指定（《民法》第一千二百零九條第一項）；遺囑未指定遺囑執行人，並未委託他人指定者，得由親屬會議選定之，不能由親屬會議選定時，得由利害關係人聲請法院指定之（《民法》第一千二百十一條）。香港方面由死亡者在遺囑中指定遺囑執行人為遺產管理人。澳門方面遺囑的執行是指遺囑人死亡後，由特定人根據遺囑人在遺囑中的意思表示最終實現遺產轉移的法律行為。從大陸《繼承法》第十六條第一款規定：「公民可以依照本法規定立遺囑處分個人財產，並可以指定遺囑執行人。」實際上僅確認了遺囑直接指定這一種。因此，為了使該問題趨於完備，有學者認為應允許委託指定遺囑執行人、法定繼承為遺囑執行人、遺囑人所在單位或其最後住所地主要遺產所在地的基層為遺囑執行人 ㉕，或應補充法院或有關機關指定這一方式 ㉖。

四、遺囑執行人之資格限制的規定精神相符合

關於遺囑執行的資格限制問題，在臺灣方面，也只是作了消極性規定，「未成年人及禁治產人不得為遺囑執行人」（《民法》第一千二百十條）㉗。香港方面規定有二十一歲以下的人作為唯一的遺囑執行人限制，依據香港《遺產認證及遺產管理條例》第三十九條規定：「凡有任何 21 歲以下的人作為唯一的遺囑執行人，則須將附有該遺囑的遺產管理授予其監護人（如有的話）或法院認為適當的其他人，直至該人年滿 21 歲為止；在該人年滿

㉕　陶希晉總編，前揭書《中國民法學・財產繼承》，pp. 19–20。

㉖　張馳，〈遺囑執行人制度初探〉，法學雜誌，1990 年第 10 期（總第 108 期），p. 33。

㉗　田園，前揭文〈海峽兩岸遺囑繼承法律制度比較〉，pp. 8–9。

21 歲時，但不得在此之前，可將該遺囑的遺囑認證授予該人。凡立遺囑人藉其遺囑委任任何 21 歲以下的人作為遺囑執行人，該項委任並無將死者財產的任何權益轉讓予該人或使該人成為遺產代理人的作用（不論為何目的），除非及直至該人根據本條獲授予遺囑認證為止。」澳門方面規定，凡具有完全行為能力者均可被委任作為遺囑執行人，繼承人或受遺贈人也可成為遺囑執行人（澳門《民法典》第二千一百四十八條第一項）。大陸《繼承法》雖未作出明文規定，但依照大陸《民法》的一般原理，和大陸《繼承法》第二十二條規定的精神，應當認為未成年、無行為能力的人以及行為能力受限制的人，均不得為遺囑執行人❷⓼。故兩岸對此規定精神上是相符合的。

五、遺囑執行人之職務規定大致相同

至於遺囑執行人的職責問題，兩岸的法律規定或司法實踐大致相同。如編制遺產清冊，管理遺產並為執行上的必要行為以及排除繼承人的妨礙等等，也可以取得必要報酬❷⓽。香港方面為有起訴權利（香港《遺產認證及遺產管理條例》第五十三條）、處置財產的權力（香港《遺產認證及遺產管理條例》第五十四條）、購買死者財產（香港《遺產認證及遺產管理條例》第五十五條）、財產清單方面的職責（香港《遺產認證及遺產管理條例》第五十六條）、容許發薪酬予遺囑執行人（香港《遺產認證及遺產管理條例》第六十條）、資產管理（香港《遺產認證及遺產管理條例》第六十三條）、訂立合約（香港《遺產認證及遺產管理條例》第六十五條）、追尋財產的權利及法院對此的權力（香港《遺產認證及遺產管理條例》第六十七條）、分配的權力（香港《遺產認證及遺產管理條例》第六十六條）、交出土地所有權的權力（香港《遺產認證及遺產管理條例》第七十條）、遲延分配財產的權力（香港《遺產認證及遺產管理條例》第七十一條）。澳門方面，依據澳門《民法典》第二千一百五十二條（遺囑執行人之職責）：「遺囑執行人具

---

❷⓼　陶希晉總編，前揭書《中國民法學・財產繼承》，p. 458。

❷⓽　田圍，前揭文〈海峽兩岸遺囑繼承法律制度比較〉，pp. 8–9。

有由遺囑人在法限制之範圍內賦予之職責。」澳門《民法典》第二千一百五十三條（候補規定）：「如遺囑人無明確指出遺囑執行人之職責，則遺囑執行人負責以下事務：⒜按遺囑之規定，或在遺囑未有規定時，按地方上之習俗，料理遺囑人之喪葬事宜、支付有關開支及附隨之宗教儀式之開支；⒝監督遺囑處分之執行，且必要時在法庭維護遺囑之有效性；⒞按照第一千九百一十八條第一款 (b) 項之規定，行使待分割財產管理人之職務。」澳門《民法典》第二千一百五十九條（帳目之提交）：「一、遺囑執行人有義務每年提交帳目。二、遺囑執行人須就因其過錯而造成之損害向繼承人及受遺贈人負責。」第二千一百六十條（報酬）：「一、遺囑執行人一職屬無償性質，但遺囑人為其訂定報酬者除外。二、如遺囑執行人不接受擔任遺囑執行人一職或被撤職，則無權收取所訂定之報酬，即使報酬係以遺贈形式給予亦然；如基於其他原因導致終止執行該職務，則遺囑執行人僅有權根據其執行職務之時間按比例收取相應之部分報酬。」

六、遺囑執行人任務之終了的立法例規定不同

關於遺囑執行人任務之終了問題，臺灣方面，認為有遺囑執行終了、遺囑執行人死亡、遺囑執行人受禁治產宣告（《民法》第一千二百十條）、遺囑執行人解職（《民法》第一千二百十八條）。大陸方面，則沒有此項立法規定。香港方面，在《遺產認證及遺產管理條例》第二十八條規定：「凡獲遺囑委任為遺囑執行人的人──⒜在立遺囑人去世時尚存，但未取得該遺囑的遺囑認證便去世；或⒝被傳喚領取該遺囑的遺囑認證，但未有對傳喚作出應訴；或⒞放棄該遺囑的遺囑認證，該人就該項遺囑執行而享有的權利即完全終止，而對立遺囑人的承辦及其遺產的管理亦告消失、轉予他人及交託他人，猶如該人並不曾被委任為遺囑執行人一樣。」澳門《民法典》方面並無明文規定。

我國《民法》將人分成自然人與法人，遺囑執行人是否一定是自然人而排除法人擔任？雖然在我國《民法》中並無明文規定，但是在我國《信託業法》第十七條第四款規定：「信託業經營之附屬業務項目如下：……四、

擔任遺囑執行人及遺產管理人。」同法第十條第一項規定：「信託業之組織，以股份有限公司為限。但銀行經主管機關之許可兼營信託業務者，不在此限。」故法人是可以被指定擔任遺囑執行人。筆者建議增訂我國《民法》第一千二百零九條第三項「法人得被指定為遺囑執行人。」

第七章　遺　贈

　　遺贈 (legacy, devise, Vermachtnis, legs) 謂遺囑人依遺囑對於他人（受遺贈人）無償的給與財產上利益之行為❶，或是遺贈人採用遺囑的形式將其財產的一部分或者全部贈與國家、集體組織或者法定繼承人以外的其他公民，並於其死後發生法律效力的單方法律行為。遺贈制度早在古羅馬時代就已經出現。羅馬法認為，遺贈是以繼承人的指定為其使命的，遺贈不過是遺囑的從屬部分。到了中世紀，遺贈被歐洲各國的教會所利用，由於教會可以從教徒那裡接受遺贈，為教會增加財產，因此它很快成為一種遺囑繼承的方式，幾乎所有國家的民法典都有關於遺贈的規定。不過，歐洲中世紀的遺贈，與現代《民法》上的遺贈有所不同。歐洲中世紀的遺贈，其目的多半希望把遺產遺贈給教會；而現代世界各國民法典所確立的遺贈制度，則主要是為了充分實現財產所有人處分自己遺產的自由意志，以便將財產遺贈給自己最中意的受遺贈人❷。

第一節　遺贈之意義與種類

一、遺贈之意義

　　遺贈者，係某人（遺贈人），以遺囑對他人（受遺囑人），無償讓與財產上之利益也❸。遺贈必依遺囑為之，本質上仍為遺囑或遺囑中部分之內容，而為死因行為，蓋遺贈雖在生前為之，然其效力必俟遺囑人死亡時始

---

❶　陳棋炎，黃宗樂，郭振恭合著，前揭書《民法繼承新論》，p. 412。

❷　陶希晉總編，前揭書《中國民法學‧財產繼承》，p. 464。

❸　戴炎輝，戴東雄合著，前揭書《中國繼承法》，p. 291。

發生❹。

二、遺贈之種類

遺囑人依其最終意思將其財產或權利無償讓與受遺贈人，依其給與之方法、標的之不同而有種種分類，然遺贈之內容只要不違反強行規定或公序良俗，均應承認其效力。茲僅說明重要之分類❺：

㈠單純遺贈與非單純遺贈

此係從遺贈有無附款而加以區分者。遺贈未附加條件、期限或負擔，謂之單純遺贈；反之，如遺贈附加條件、期限或負擔者，則謂之非單純遺贈。

㈡包括遺贈與特定遺贈

包括遺贈云者,謂遺囑人抽象的以其遺產之全部或一部為遺贈之內容。例如，給與遺產全部、或二分之一之遺贈者。在包括遺贈，不僅遺囑人之積極財產，即使消極財產，除一身專屬者外，均為其標的，即包括權利義務並為遺贈，此其特色也。

特定遺贈云者，謂遺囑人以具體的特定財產為標的之遺贈。特定遺贈之內容，恆為權利及其他積極的財產上利益，惟特定遺贈，並不以特定物之遺贈為限，即不特定物之遺贈，亦為特定遺贈。以債權為標的者，不問其為特定債權、種類債權、金錢債權、選擇債權、定期金債權，均為特定遺贈。免除某債務，亦為特定遺贈。

㈢補充遺贈與後繼遺贈

補充遺贈，乃第一受贈人甲如拋棄遺贈或先於遺囑人死亡或喪失受遺贈權時，其本應受之財產利益即給與乙之遺贈。此時，乙為第二的受遺贈人。後繼遺贈，亦稱後位遺贈，謂受遺贈人甲所受之遺贈利益，因某條件

---

❹　陳棋炎，黃宗樂，郭振恭合著，前揭書《民法繼承新論》，p. 412。

❺　陳棋炎，黃宗樂，郭振恭合著，前揭書《民法繼承新論》，pp. 415–417。

之成就或期限之屆至，應移轉於乙之遺贈。此時，乙亦為第二次的受遺贈人。此二種遺贈，德、奧、瑞《民法典》均設有明文（前者，德國《民法典》第二千一百九十條、奧國《民法典》第六百五十二條、瑞士《民法典》第四百八十七條；後者，德國《民法典》第二千一百九十一條、奧國《民法典》第六百五十二條、瑞士《民法典》第四百八十八條第三項），我《民法》雖無規定，但自尊重遺囑人意思之立場，宜承認之。

第二節　遺贈之效力

一、遺贈效力之發生時期

　　單純遺贈，自遺贈人死亡時發生效力，與一般遺囑無異（《民法》第一千一百九十九條）。若係附停止條件之遺贈，則自條件成就之時即發生效力（《民法》第一千二百條）。其條件之成就，縱在遺囑人死亡以前，仍自遺囑人死亡時發生效力。惟遺贈係置重於受遺贈人個人關係，故受遺贈人如於遺囑發生效力前已死亡者，其遺贈不生效力（《民法》第一千二百零一條）。受遺贈人之繼承人，未有如遺產繼承之代位繼承制度。惟遺贈人固得指定受遺贈人之繼承人，為補充受遺贈人，但補充受遺贈人本來不以受遺贈人之繼承人為限，故在此情形之遺囑，應解為對於遺贈人之繼承人本人所為之遺贈❻。

　　關於死因贈與，我《民法》雖無特別規定，然就無償給與財產為內容而言，與一般贈與相同，且死因贈與，除係以契約之方式為之，與遺贈係以遺囑之方式為之者有所不同外，就係於贈與人生前所為，但於贈與人死亡時始發生效力而言之，實與遺贈無異，同為死後處分，其贈與之標的物，於贈與人生前均尚未給付。故基於同一法理，其效力應類推適用《民法》第一千二百零一條規定受贈人於死因贈與契約生效（即贈與人死亡）前死亡，其贈與不生效力。（最高法院88年臺上字第91號）

---

　　❻　李宜琛著，前揭書《現代繼承法論》, p. 123。

二、遺贈之效力

遺贈之效力如何？申言之，遺贈標的物，是否於遺囑人死亡後，其所有權或其他物權等，當然歸屬於受遺贈人？換言之，遺贈之效力，究為物權的，抑或為債權的？吾國通說謂：遺贈之效力，不問其為特定遺贈與包括遺贈，均僅有債權的效力而已❼。少數說以為：包括遺贈發生物權的效力；而特定遺贈即發生債權的效力❽。遺贈既僅有債權的效力，則受遺贈人並不於繼承開始時，當然取得所有權或其他物權，而須由繼承人受移轉登記、或受交付時，始取得所有權或其他物權❾。

第三節　遺贈之標的物

一、特定物或權利之遺贈

遺囑人以特定物或權利，為遺贈之標的物時，遺囑如無特別表示，則應以遺贈發生效力時為標準，決定遺贈標的物之範圍。關於此點，《民法》特置明文規定如次❿：

(一)遺贈標的物之滅失或脫離所屬

遺贈標的物，於遺囑人死亡時，已滅失或脫離遺囑人之所屬者，除遺囑人另有意思表示外，其遺贈無效。如全部滅失脫離所屬，全部無效，若僅其一部分，則該部分無效而已（《民法》第一千二百零二條本文）。

---

❼　胡長清著，前揭書《中國繼承法論》，p. 206；羅鼎著，前揭書《民法繼承》，p. 203；李宜琛著，前揭書《現代繼承法論》，p. 122；羅鼎著，前揭書《民法繼承》，p. 234。

❽　范揚著，前揭書《繼承法要義》，p. 191。

❾　戴炎輝、戴東雄合著，前揭書《中國繼承法》，pp. 294–295。

❿　戴炎輝、戴東雄合著，前揭書《中國繼承法》，pp. 295–298。

遺囑人另有明白之意思表示者（《民法》第一千二百零二條但書）。此因尊重遺囑人之意思而設。讓標的物已不屬於遺囑人，竟仍欲受遺贈人享受其利益，而遺囑人另有明白表示，而應使其實現時，繼承人仍負取得該物或權利，而將其移轉於受遺贈人之義務。若義務履行不能，或需費過鉅時，遺贈義務人是否可以相當金額，補償其本來義務之履行？關於此點，德國《民法典》第二千一百七十條及日本《民法典》第九百九十七條，設有肯定的規定，吾國《民法》雖無明文規定，但宜作同一解釋❶。

遺囑人因遺贈物滅失、毀損、變造或喪失物之占有，而對於他人取得權利時，推定以其權利為遺贈（《民法》第一千二百零三條前段），此即償金請求權之物上代位。

因遺贈物與他物附合或混合，而對於所附合或混合之物取得權利時，亦推定以其權利為遺贈（《民法》第一千二百零三條後段）。

㈡遺贈標的物之瑕疵

遺贈標的物，於遺囑人死亡時，已為第三人權利之標的物（例如用益物權、擔保物權、租賃權等），遺贈義務人，亦不負消滅第三人權利之義務（參閱德國《民法典》第二千一百六十五條、日本《民法典》第一千條），遺贈標的物有瑕疵時，遺贈義務人即以交付該物為已足。

㈢從物、從權利

遺囑人死亡當時，遺贈標的物之從物或從權利，亦為遺贈之一部分。此在德國《民法典》第二千一百六十四條第一項有明文規定，吾國《民法》上，亦應作固一解釋（《民法》第六十八條第二項）。

㈣孳　息

受遺贈人，從得請求遺贈物之交付時起，取得遺贈標的物之孳息。

---

❶　胡長清著，前揭書《中國繼承法論》，p. 214；羅鼎著，前揭書《民法繼承》，
　　p. 211；范揚著，前揭書《繼承法要義》，p. 194。

二、不特定物之遺贈

遺贈標的物為不特定時，遺贈義務人，應依遺囑之本旨，交付種類，品質及數量相當之物與受遺贈人 ❷。

三、用益權之遺贈

遺贈之內容，通常固為所有權之終局的移轉，但遺贈人如不欲移轉所有權，而僅以一定財產之使用收益權為遺贈，亦應予以承認。遺贈義務人固應將其標的物之占有，交付於受贈人。至於標的物之返還時期，《民法》特置明文規定（《民法》第一千二百零四條）❸。

第四節　附負擔之遺贈

一、附負擔遺贈之意義

附負擔之遺贈 (legs avec charge, Vermachtis mit Aufl-age)，亦稱附有義務之遺贈，謂遺贈人為自己、其繼承人或第三人或一般公眾之利益，對於受遺贈人課以履行一定義務之負擔所為之遺贈 ❹。附負擔之遺贈與附條件之遺贈不同。蓋遺贈雖附有負擔，亦不停止遺贈之效力（參閱《民法》第一千二百條），仍於遺囑人死亡時發生效力（《民法》第一千一百九十九條），且受遺贈人縱不履行其負擔，遺贈亦非當然消滅其效力，僅受遺贈人如不履行其負擔時，遺贈義務人得拒絕遺贈之交付，或撤銷其遺贈而已（《民法》第四百十二條）。遺贈所附之負擔，須為債務之設定，故僅指其用途，或表示一定之希望者，並無法律上拘束之意，自不得謂為負擔。負擔之標的給付，如以不能、不確定或不法之事項為標的時，該負擔無效。負擔無效時，

---

❷ 戴炎輝，戴東雄合著，前揭書《中國繼承法》，p. 298。

❸ 戴炎輝，戴東雄合著，前揭書《中國繼承法》，pp. 298–299。

❹ 陳棋炎，黃宗樂，郭振恭合著，前揭書《民法繼承新論》，p. 435。

如可認為：遺囑人若不附以負擔，則不為遺贈者，該遺贈亦無效；否則僅負擔無效，而該遺贈變為單純遺贈，仍然有效存續❶❺。

二、附負擔遺贈之效力

附負擔之遺贈，猶如附負擔之贈與，同係本於恩惠之行為，以使受遺贈人享受一定之利益為其目的。受遺贈人因負擔，而負有一定之給付義務；但其義務，不應超過遺贈物之價額，故《民法》第一千二百零五條規定：受遺贈人以其所受利益為限，負履行之責❶❻。

第五節　遺贈之承認與拋棄

一、遺贈承認及拋棄之自由

遺贈為單獨行為，不問受遺贈人意思如何，於遺贈人死亡時當然發生效力；而遺贈通常又對遺贈人有益，然縱為有益亦不能反於受遺贈人之意思而強制其受益，故與受遺贈人以承認、拋棄之自由❶❼。

二、遺贈承認及拋棄之時期

受遺贈人在遺囑人死亡後，得拋棄遺贈（《民法》第一千二百零六條第一項）。蓋遺囑人死亡時，受遺贈人始真正的取得受遺贈權。在遺囑人死亡前所為之承認或拋棄，不生任何效力。在遺囑人死亡後，受遺贈人得隨時拋棄遺贈。

三、承認、拋棄之方法

遺贈之承認及拋棄，應依何種方式為之？我《民法》未設有規定，解

---

❶❺ 參閱德國《民法典》第二千一百九十五條，胡長清著，前揭書《中國繼承法論》，p. 219。

❶❻ 戴炎輝，戴東雄合著，前揭書《中國繼承法》，p. 300。

❶❼ 陳棋炎，黃宗樂，郭振恭合著，前揭書《民法繼承新論》，p. 443。

釋上不以方式為必要，以言詞或書面為之，均無不可 ❶。遺贈之承認及拋棄，應對何人為之？ 我《民法》亦未設有規定，學說甚為紛紜：第一，有主張不必對特定相對人為之 ❶；第二，有主張在通常情形應對繼承人為之，在特別情形（繼承人全部拋棄繼承或無人承認之繼承），應對遺產管理人為之 ❷；第三，有主張在通常情形，須對繼承人為之，在特殊情形，須對親屬會議為之，在附義務之遺贈應對於因其義務之履行而受利益者為之 ❷；第四，有主張在通常情形，應對繼承人或有遺產管理權之遺囑執行人為之，在特別情形，應對遺產管理人為之，經利害關係人催告者，亦得對於為催告之人為之 ❷。

四、承認、拋棄之限制

遺贈主承認及拋棄，不得附條件或期限，我《民法》雖未如德國《民法典》設有明文規定（德國《民法典》第二千一百八十條第二項後段），然解釋上應屬相同 ❷。

五、承認、拋棄之能力及權利人

遺贈之承認及拋棄，為財產行為，故其能力應適用《民法總則編》之

---

❶ 胡長清著，前揭書《中國繼承法論》，p. 222；羅鼎著，前揭書《民法繼承》，p. 220；戴炎輝著，前揭書《中國繼承法》，p. 272；陳棋炎著，前揭書《民法繼承》，p. 280。

❶ 戴炎輝著，前揭書《中國繼承法》，p. 272；陳棋炎著，前揭書《民法繼承》，p. 280。

❷ 胡長清著，前揭書《中國繼承法論》，p. 222；范揚著，前揭書《繼承法要義》，p. 200。

❷ 羅鼎著，前揭書《民法繼承》，p. 220。

❷ 史尚寬著，前揭書《繼承法》，pp. 506–507。

❷ 胡長清著，前揭書《中國繼承法論》，p. 222；范揚著，前揭書《繼承法要義》，p. 201；戴炎輝著，前揭書《中國繼承法》，p. 272；陳棋炎著，前揭書《民法繼承》，p. 280；史尚寬著，前揭書《繼承法》，p. 507。

規定❷。得為遺贈之承認或拋棄者，為受遺贈人（參照《民法》第一千二百零八條第一項）❷。

六、承認與否之催告

遺囑人死亡後，受遺贈人得隨時承認或拋棄遺贈，惟我《民法》對此並未設有期間之限制，如受遺贈人日久未為承認或拋棄之意思表示，則繼承人及其他利害關係人之權利關係有不安定之虞。故我《民法》規定：「繼承人或其他利害關係人，得定相當期限，請求受遺贈人於期限內，為承認遺贈與否之表示」（《民法》第一千二百零七條前段），俾使有關遺贈之法律關係得以早日確定❷。

七、遺贈承認及拋棄之效力

㈠遺贈承認之效力

1. 遺贈之效力，通常因遺囑人之死亡而發生。受遺贈人為遺贈之承認，係消極的維持遺贈之效力，遺贈之效力並未中斷，自遺囑人死亡時發生效力。
2. 受遺贈人，自遺贈發生效力時起，取得遺贈物之權利，由該物所生之孳息，亦歸屬於受遺贈人。

㈡遺贈拋棄之效力

1. 受遺贈人拋棄遺贈時，溯及於遺囑人死亡時，視為自始不發生效力，其遺贈財產，仍屬於繼承人（《民法》第一千二百零六條第二項、第一千二百零八條）。此蓋自遺囑人死亡時，遺囑發生效力之故；且適合遺贈人之

---

❷　戴炎輝著，前揭書《中國繼承法》，p. 271；史尚寬著，前揭書《繼承法》，pp. 507–508。

❷　陳棋炎，黃宗樂，郭振恭合著，前揭書《民法繼承新論》，p. 446。

❷　陳棋炎，黃宗樂，郭振恭合著，前揭書《民法繼承新論》，p. 446。

意旨。

2.附義務之遺贈，受遺贈人拋棄遺贈時，其遺贈財產，是否仍屬於繼承人？在此情形，日本《民法典》設有明文規定，因負擔而受利益之人，得自己為受遺贈人（日本《民法典》第一千零二條第二項）。吾國學者，有採與此相同之解釋者❷。又有人主張：遺贈財產仍屬繼承人，但繼承人須履行負擔，以免受益人受意外之損害❷。

實 例 ▶▶▶

　　花蓮市義勇消防隊主張甲、乙之被繼承人丙於民國三十六年二月間將其所有坐落花蓮市中正路○○○號即復光戲院之產權一半讓與該隊，其後權利義務即由雙方各半分擔。民國四十五年一月起由丙承租，每日租金為新臺幣一百四十元。至四十七年起，始不付租，並將基地房屋擅自抵押與臺灣土地銀行花蓮分行，洎丙死後，甲、乙擅自辦理繼承登記，其所有權為甲、乙各二分之一，顯係侵害花蓮市義勇消防隊之權利，可否請求甲、乙辦理所有權移轉登記，塗銷抵押權登記，及賠償損害自四十七年八月一日起至退租日止每日七十元等情？

解析

　　被繼承人之遺贈，在不違反特留分規定之範圍內，繼承人不得拒絕履行，誠以被繼承人處分自己之財產，不許繼承人擅為干預，本例之贈與雖

❷　羅鼎著，前揭書《民法繼承》，p. 224；胡長清著，前揭書《中國繼承法論》，p. 224。

❷　范揚著，前揭書《繼承法要義》，p. 103；李宜琛著，前揭書《現代繼承法》，p. 129。

為生前行為，但如被繼承人至死亡時，仍無撤銷或拒絕履行之表示，依同一理由，繼承人不得拒絕履行。故花蓮市義勇消防隊可請求甲、乙辦理所有權移轉登記，塗銷抵押權登記，及賠償損害自四十七年八月一日起至退租日止每日七十元。

第六節　世界各國遺贈之比較與我國修法之建議

　　法國、日本、前蘇聯、德國、瑞士等國關於遺贈的規定來看，法國、日本對遺贈標的範圍是不加以限制的，可以將遺產的全部或一部遺贈給受遺贈人。法國、日本既允許對特定物和權利的遺贈，即特定遺贈，同時又承認概括遺贈，允許遺贈人將全部遺產遺贈給受遺贈人。而德國、瑞士等國的《民法典》則不承認概括遺贈，遺囑人不能將全部財產遺贈給受遺贈人。如果遺囑人將自己財產的全部或一部留給自己的國家、集體組織或個人，則這種情況就當稱之為遺囑繼承，而不是遺贈，接受遺產的人是遺囑繼承人或指定繼承人，而不是受遺贈人。

表十二　世界各國遺贈之比較

| 德國 | 1.德國《民法典》不承認概括遺贈。該法典第二千零八十七條規定：「被繼承人指定將其遺產的全部或幾分之一遺贈予他人時，縱未明示即以該他人為繼承人，應認定其為指定繼承人。僅遺贈個別物件者，縱使被繼承人明示以受遺贈人為繼承人，如有疑義，不得認為受遺贈人為繼承人。」由此可見，德國《民法典》關於繼承人和受遺贈人是有區別的，只有繼承人才能繼承全部或幾分之一遺產，而受遺贈人只能接受特定物。因此，該法典不承認概括遺贈是很明顯的。
2.對於遺贈的種類，依給與的方法可以分為：次遺贈、補充遺贈、後繼遺贈和優先遺贈四種。
(1)次遺贈是指受遺贈人負有負擔，或負有向第三人履行遺贈義務，但是受遺贈人必須在自己已有請求履行遺贈的權利以後，才開始履行其負擔或遺贈的義務（德國《民法典》第二千一百八十六條）。
(2)補充遺贈是指被指定的受遺贈人拒絕取得遺贈，基於受遺贈權的喪失，先於被繼承人死亡等原因未取得遺贈時，則由補充受遺贈人受其遺贈（德國《民法典》第二千一百九十條）。
(3)後繼遺贈是指遺贈物自一定時期到來時或一定事實發生時，原遺贈物應遺贈於另一後繼受遺贈人，原受遺贈人應認為負有負擔履行的遺贈義務（德 |

	國《民法典》第二千一百九十一條)。 (4)優先遺贈是對繼承人所為的遺贈。 3.依遺贈的標的物不同,可將遺贈分為:非特定物遺贈、特定物遺贈、種類遺贈、選擇遺贈、債權遺贈等: (1)非特定物遺贈又稱目的遺贈,遺囑人只根據確定的目的(如旅行、求學、研究等)給與受遺贈人,將給付的決定委託遺贈義務人或第三人公平裁量。 (2)特定物遺贈是指給付特定的標的物、債權或權利的遺贈。 (3)種類遺贈是指給與受遺贈人以同種類的物為遺贈。 (4)選擇遺贈是指在幾個標的物中,由受遺贈人本人或第三人進行選擇給付的遺贈。 (5)債權遺贈是指遺囑人以自己對繼承人的債權,或以自己在繼承人之物或權利上所享有的權利,遺贈於繼承人,並因繼承開始,致法律關係因權利與義務或權利與負擔相混同而消滅的。就遺贈而言,其法律關係視為不消滅(德國《民法典》第二千一百九十條)。
瑞　士	瑞士《民法典》亦不承認概括繼承。該《民法典》第四百八十三條第二項認為,受益人依遺囑處分應取得遺產的全部或一部的,視為繼承人的指定,也就是說,不屬於遺贈之列。遺贈只能以個別遺產標的物、特定價值或以對於遺產全部或一部的用益為標的(瑞士《民法典》第四百八十四條)。其遺贈的種類與德國《民法典》大體相同。
法　國	法國《民法典》將遺贈分為概括遺贈、部分概括遺贈和特定遺贈三種: 1.所謂概括遺贈是指遺囑人將其死後所遺留的財產全部贈與一人或數人的處分(法國《民法典》第一千零三條)。 2.部分概括遺贈是指遺囑人就法律允許其任意處分的財產的一定份額(二分之一或三分之一),贈與他人的處分(法國《民法典》第一千零十條)。 3.特定遺贈又稱單純遺贈,是自遺囑人死亡之日起,給與受遺贈人以遺贈物的權利。特定遺贈與概括遺贈和部分概括遺贈不同,概括受遺贈人和部分概括受遺贈人應按其所受遺贈的比例,就遺囑人的債務及負擔個人負責,就設有抵押的遺產全部負責(法國《民法典》第一千零十二條);特定遺贈的受贈人,對遺產債務不負賠償責任,不過,對特留分的扣減和基於債權人抵押之訴時,不在此限。
前蘇聯	前蘇聯《民法典》認為,遺囑人有權通過遺囑要求繼承人履行有利於一人或幾個人(遺贈獲得者)的某種義務(遺贈),遺贈獲得人有權要求繼承人履行這種義務,受遺贈人即遺贈獲得人不受法定繼承人範圍的限制,屬於或不屬於法定繼承人範圍的人都可以成為受遺贈人(前蘇聯《民法典》第五百三十八條)。
日　本	1.日本《民法典》將遺贈分為概括遺贈和特定遺贈兩種: (1)概括遺贈是指遺囑人可以把他的一部或全部財產(積極財產與消極財產)遺贈給受遺贈人。概括受遺贈人與繼承人有同一的權利義務(日本《民法典》第九百九十條)。遺囑人的義務,按其受遺贈的比例分擔。 (2)特定遺贈是指特定的具體的財產利益的遺贈。比如說,遺囑人在遺囑中以某種動產或不動產,或一定數額的金錢給與受遺贈人。

2.遺贈包括給與受遺贈人以債權，或者給予受遺贈人的債務的免除，贈與不限於特定物、種類物的一定數量，金錢的一定數額都可以。特定遺贈的內容常為權利或其他積極的利益。概括遺贈則應按比例負擔義務。遺贈還可以分為：不附有條件或期限的遺贈，稱為單純遺贈；有條件的遺贈叫做附條件的遺贈；有期限的遺贈稱之為附期限的遺贈；附有負擔的遺贈稱之為附負擔的遺贈；受遺贈人如果應當以其所受利益的一定部分轉分給他人的遺贈，稱之為轉分遺贈，這種轉分遺贈也屬於附有負擔的遺贈的一種。附有負擔的受遺贈人，只在不超過遺贈標的物價額的限度內，承擔履行負擔義務的責任（日本《民法典》第一千零二條）。附有負擔的遺贈價額，由於限定承認或恢復特留分的起訴而減少時，受遺贈人按其減少的比例免除其負擔的任務。但遺贈人另有表示者除外（日本《民法典》第一千零三條）。以特定物或特定債權的遺贈為特定遺贈。該特定物或特定債權在繼承開始時不屬於遺產時，則不生效（日本《民法典》第九百九十六條）。非特定物的遺贈是以非特定物為遺贈標的。當受遺贈者受到追奪時，遺贈義務人對此應和賣主一樣，負有權利瑕疵的擔保責任。標的物有瑕疵時，遺贈人因遺贈標的物的減失、變更或喪失占有，對第三者有權請求償還金錢時，可推定其權利為遺贈的標的。遺贈的標的物因附在其他物上或其他物混合時，遺贈人或為該合成物或混合物的單獨所有者或共有者時，可推定以其全部的所有權或共有權為遺贈的標的（日本《民法典》第九百九十九條）。在把債權作為遺贈物的場合，遺囑者得到了償還，而且其取得的東西還在遺產中，可推定其物為遺贈的標的。關於把金錢作為遺贈標的之債權，在其繼承財產中即使沒有相當債權額的金錢，亦可推定其金額作為遺贈的標的（日本《民法典》第一千零一條）。

資料來源：參考陶希晉總編，《中國民法學‧財產繼承》，中國人民公安大學出版社，1990年6月第一版，pp. 474-478。

臺灣、香港、澳門與大陸地區遺贈之比較：

一、有關遺贈之概括規定不同

由於大陸《繼承法》有關遺贈之規定包括一般遺贈與遺贈扶養協議，因此其雖與我國《民法》繼承編有關遺贈規定雖均係被繼承人處分其財產方式之一種，但在內容上卻有所差異，《民法》繼承編對遺贈的生效、無效、遺贈物滅失、毀損、變造或喪失時之法律效果、以及不同形式之遺贈，例如用益之遺贈、附負擔之遺贈、遺贈之拋棄、承認、受遺贈權之喪失，均有詳細規定（《民法》第一千一百九十九條至第一千二百零八條，以及《民法》第一千一百八十八條）。而大陸《繼承法》有關遺贈之規定則僅限於第

十六條第三款、第二十一條、第二十五條第二款、第三十四條，針對一般遺贈予以規定，至於遺贈扶養協議則僅以第三十一條一個條文加以規範。故在司法實務適用上極須再做解釋。基此大陸最高人民法院乃針對《關於貫徹執行〈中華人民共和國繼承法〉若干問題的意見》發表意見。從大陸一般《繼承法》的教科書來看，這些意見對司法實務的影響，幾乎有類似法律之效果❷❾。香港有關繼承之法律雖然沒有直接明文遺贈之規定，但是始終承認並保護遺贈行為。澳門《繼承法》不承認概括遺贈，只承認特定遺贈。

二、遺囑之種類規定的精神相符合

海峽兩岸對於遺贈之種類，在立法上雖均未明文，但是在實務上，只要不違反強行規定或公序良俗者，均應承認其效力。例如，有單純遺贈、包括（概括）遺贈、特定遺贈、補充遺贈或後繼（位）遺贈等。香港有關繼承之法律沒有直接明文規定遺贈之種類。澳門《繼承法》不承認概括遺贈，只承認特定遺贈。

三、遺贈效力之發生時期的規定相同

兩岸四地對單純遺贈，均自遺囑人死亡時發生效力。臺灣方面，依《民法》第一千二百零一條反面解釋，而大陸、香港與澳門方面沒有明文規定。若其附有條件、期限等規定，其發生效力的時期亦同。

四、對遺贈的法律效力之性質不同

雖然世界各國法學界對於遺贈的效力分為物權說或債權說，但是兩岸法學界的通說見解並不相同。在臺灣方面，通說認為不論是特定遺贈與包括遺贈，均僅有債權的效力；大陸方面，則認為遺贈具有獨立的法律效力，既不同於物權，也不同於債權。香港方面則沒有直接明文規定遺贈的法律

❷❾ 行政院大陸委員會編著，《中共婚姻法與繼承法之研究》，行政院大陸委員會，1993 年 9 月出版，p. 311。

效力之性質。澳門方面認為遺贈屬於遺囑繼承的範圍，是遺囑繼承的從屬部分，亦是遺囑繼承的一種特殊形式。

五、對遺贈之物上代位均有相同解釋

海峽兩岸對於遺囑人因遺贈物滅失、毀損、變更或喪失對該物的占有，而對他人取得權利時，此種權利推定為遺贈的標的物，稱為物上代位的推定。香港與澳門方面沒有遺贈之物上代位之規定。

六、對於遺贈標的物附合或混合有相同的解釋

海峽兩岸對於遺贈物與他物附合或混合，而對於附合或混合物取得權利時，亦推定以其權利為遺贈之標的。香港與澳門方面沒有遺贈標的物附合或混合之規定。

七、對於未於期限內為承認遺贈與否之表示的效力規定不同

依我國《民法》繼承編第一千二百零六條、第一千二百零七條規定，受遺贈人在遺囑人死亡後，得拋棄遺贈。而繼承人或其他利害關係人得定相當期限，請求受遺贈人於期限內為承認遺贈與否之表示，期限屆滿尚無表示者，視為承認遺贈。而大陸《繼承法》之規定固允許受遺贈人拋棄遺贈，但其在第二十五條第二項中卻規定：「受遺贈人應當在知道受遺贈後，兩個月內，作出接受或者放棄受遺贈的表示，到期沒有表示的，視為放棄受遺贈。」依大陸之規定對於受遺贈人之保護顯較不周到 ❸⓿。香港方面沒有於期限內為承認遺贈與否之表示的效力的明文規定。澳門方面遺贈的接受和放棄適用遺產的接受和放棄的規定，接受遺贈的期限為十年；未成年人、禁治產人或準禁治產人必須經法院批准方得放棄繼承；如果繼承人已婚（採用一般共有制和所得共有制），只有配偶雙方同意的情況下才可以放棄遺產或遺贈 ❸❶。

---

❸⓿　行政院大陸委員會編著，前揭書《中共婚姻法與繼承法之研究》，p. 312。

❸❶　侯放著，前揭書《繼承法比較研究》，p. 50。

八、受遺贈人不履行其義務時的法律效力規定不一致

我國《民法》繼承編雖於第一千二百零五條規定：「遺贈附有義務者，受遺贈人以其所受利益為限，負履行之責。」然而《民法》繼承編卻未規定，若受遺贈人不履行其義務時其法律效果如何？學者認為受遺贈人縱不履行其義務，遺贈之效力亦不當然消滅，不過受遺贈之人若不履行遺贈義務時得拒絕遺贈物之交付或拒絕其遺贈 **❸②** 。另外因其義務而受利益之第三人應可向其請求履行義務。至若其負擔以公益為目的時，則不妨準用《民法》第四百十二條有關附負擔贈與之規定，由主管官署命受遺贈人履行其負擔（《民法》第四百十二條第二項） **❸③** 。大陸《繼承法》對此則有明文規定，其第二十一條規定：「遺囑繼承或者遺贈附有義務的，繼承人或者受遺贈人應當履行義務。沒有正當理由不履行義務的，經有關單位或者個人請求，人民法院可以取消他接受遺產的權利」 **❸④** ，類似於遺贈遺託的概念。香港方面沒有受遺贈人不履行其義務時的法律效力之明文規定。澳門方面規定在下列三種情況下受遺贈人需要承擔負擔：遺囑人規定的負擔、支付遺產的負擔與支付贈與物的負擔 **❸⑤** 。

九、對遺贈扶養協議之規定不同

大陸《繼承法》第三十一條規定之遺贈扶養協議，我國《民法》繼承編中並未規定，依其性質其應為附條件之死因贈與，應依一般債法原理來規範處理 **❸⑥** 。雖然其立法精神值得我方參考，惟其理論基礎與法律效力高於

---

❸② 陳棋炎著，前揭書《民法繼承》，p. 278。

❸③ 陳棋炎著，前揭書《民法繼承》，p. 278。

❸④ 行政院大陸委員會編著，前揭書《中共婚姻法與繼承法之研究》，pp. 312–313。

❸⑤ 侯放著，前揭書《繼承法比較研究》，p. 126。

❸⑥ 行政院大陸委員會編著，前揭書《中共婚姻法與繼承法之研究》，p. 311。死因贈與為特種贈與之一，因贈與人之死亡而發生效力，我國多數學者認為其係以受贈人於贈與人死亡時仍生存為停止條件之贈與（鄭玉波著，《民法債編各論》，三民書局，1991年10月第十四版，p. 169。陳棋炎，黃宗樂，郭振恭合著，

法定繼承和遺囑繼承等規定，均與我方規定不相符合，在短期內修法似無必要性，但有鑑於臺灣老年人口逐漸增加之趨勢，將來應有立法之必要性。香港與澳門方面也沒有遺贈扶養協議之規定。

我國《民法》第一千二百零六條第一項規定：「對於受遺贈人在遺囑人死亡後，得拋棄繼承。」同法第一千二百零七條規定：「繼承人或其他利害關係人得定相當期限，請求受遺贈人於期限內為承認遺贈與否之表示，期限屆滿尚無表示者，視為承認遺贈。」對於不知道何者為受遺贈人及不確定的承認遺贈期限，貿然視為承認遺贈，可能造成空有保護受遺贈人獲得遺贈財產之名義，事實上受遺贈人無法知悉並獲得遺贈的遺憾，對於繼承法律的安定性與時效性產生不確定性因素，故筆者建議修改我國《民法》第一千二百零七條規定：「繼承人或其他利害關係人得定相當期限，請求受遺贈人於期限內為承認遺贈與否之表示。受遺贈人自知悉有受遺贈之時起，六個月內不行使而消滅。自繼承開始時起逾二年者，亦同。」

隨著高齡化與少子化的時代來臨，老人院或養生中心像雨後春筍般地成立，當被繼承人死亡後遺留下的遺產，可能會有無謀生能力或是無意識能力之繼承人繼承，例如植物人或長期臥病的慢性病患者，當其他有行為能力之繼承人繼承遺產後，又將無謀生能力或是無意識能力之繼承人拋棄在醫院或養老院讓其自生自滅，與其嗣後由親屬會議或法院選定監護人來分配遺產，倒不如由遺贈人主動向親友、老人院或養生中心提出訂立遺贈扶養協議，讓真正能夠幫助無謀生能力或是無意識能力之繼承人的人或社

前揭書《民法繼承新論》，p. 413。邱聰智著，《債法各論》，三民書局，1994 年 9 月初版，上冊，p. 236）。有學者認為係贈與人生前訂立以贈與人死亡為條件而生效力之契約（史尚寬著，《債法各論》，自刊本，1960 年 11 月臺初版，p. 136）。另有學者認為，遺囑與以遺囑人之死亡為期限之生前行為（例如終身定期金及死因贈與）有別。（戴炎輝，戴東雄合著，前揭書《中國繼承法》，p. 238。）惟我國並無明文規定，學者以為，基於契約自由之原則，關於死因贈與究為以受贈人於贈與人死亡時尚生存為附停止條件之贈與或為僅以贈與人之死亡為期限之贈與，應委之於當事人之約定，不能一概而論（林秀雄，〈死因贈與之撤回〉，《月旦法學雜誌》，1996 年 9 月第 16 期，p. 62。）

會福利機構來照顧這些弱勢的族群。遺贈扶養協議包括遺贈和扶養兩方面內容，在協議書中應分別寫明確。遺贈的內容應寫明遺贈財產的名稱、數量、標的所在地點。扶養的內容應寫明數量、內容、提供辦法。遺贈扶養協議應採用書面形式簽訂，註明年、月、日，遺贈人、扶養人都在協議書上簽名、蓋章。筆者建議增訂我國《民法》第一千二百零八條之一規定：「遺囑人得與自然人或法人簽訂遺贈扶養契約。」我國行政院消費者保護委員會可以制訂「遺贈扶養定型化契約」來規範遺贈扶養契約之內容。

第八章　特留分

第一節　特留分之內容

　　羅馬法上之繼承，以遺囑自由為其原則；但於共和末期，因遺囑之自由太泛濫，致流弊叢生。於是創設「義務分」(legitima pars) 之制度，以杜防弊端。詳言之，自共和末期以來，設百人官 (centum viri) 法院，對被繼承人之無正當理由而不遺留相當財產於一定近親（法定繼承人），卻指定品性卑劣之他人為繼承人之行為，以為違背近親之愛情義務 (officium pietatis)，而承認此等近親，對指定繼承人得提起「違背人倫遺囑之訴」(quer-ela inofficiosi testamenti)，以撤銷該遺囑。據此，羅馬法之「義務分」，係基於倫理，對遺囑自由加以限制而發生，故法定繼承人之享有此種權利，非本法定繼承人之資格，乃因其係一定近親而所有之權利；質言之，「義務分」之權利人（亦即法定繼承人），縱令以遺囑被廢除，仍得享受「義務分」之權利。依羅馬法，「義務分」係財產之一部，非繼承財產之一部。德國《民法典》之「義務分」(Pflichtteil)，大體上屬於此羅馬法系統❶。日耳曼法上，家產制度根深蒂固，為維持家之永續，必須將主要財產，保留於法定繼承人，故被繼承人之遺產處分權，不得不限定於上述財產以外之一定數額，此即日耳曼法上之自由分權 (Freite-ilrecht)。其所謂特留分，即由遺產中減去此自由分之財產。日耳曼法之特留分制度，由於解除此財產拘束（家產強制保存）而發生，故特留分權利人，必須限定於繼承人。非繼承人，不得請求特留分；但苟為繼承人，即使非近親，仍可為特留分權利人。在日耳曼法，特留分係繼承財產之一部，非財產之一部。日耳曼法此種思想，

---

❶　戴炎輝，戴東雄合著，前揭書《中國繼承法》，pp. 305–306。

成為法國習慣法區域之特留分制度 (reserve)，法國《民法典》乃吸收此種思想❷。

　　被繼承人死亡後，依法應將一定的遺產特別留給法定繼承人，亦即被繼承人不能任意處分的一定遺產，就是《民法》上的特留分。特留分的定義，因各國法律規定的不同而有所差異，但其作為遺產的一部分，特留分權利人取得此種權利受法律保障，卻是一致的。特留分的設立，一方面是尊重遺囑人的意思；另一方面則是設法安定特留分權利人的生活，使其最低限度的繼承分不受到侵害，以達到保障其未來生活的目的，以免貽害社會全體的利益。因此，特留分又可理解為不可侵害的繼承分❸。

一、 特留分的比例份額

　　我國《民法》第一千二百二十三條規定：「繼承人之特留分，依下列各款之規定：一、直系血親卑親屬之特留分，為其應繼分二分之一。二、父母之特留分，為其應繼分二分之一。三、配偶之特留分，為其應繼分二分之一。四、兄弟姊妹之特留分，為其應繼分三分之一。五、祖父母之特留分，為其應繼分三分之一。」可見，我國《民法》中不僅有特留分的概念，且對此作了具體、明確的規定。凡是法定繼承人皆有特留分，即被繼承人的直系血親卑親屬、父母、兄弟姊妹、祖父母，均得按此順序，各有特留分權，生存配偶則為當然順序的特留分權利人，所以應與各順序權利人分享特留分。這特留分的規定正是為了保護法定繼承人的法定繼承利益和權利，也是為了保護他們生活的需要。當然特留分的多少與親等的遠近和順序相聯繫，直系血親卑親屬、父母、配偶的特留分均為應繼分的一半，即遺囑人除了不能自由處理這一半遺產外，尚可以任意處分其餘的一半。對兄弟姊妹和祖父母的特留分則只是應繼分的三分之一，遺囑人自由處分的權利相對更為充分些。

---

❷ 戴炎輝，戴東雄合著，前揭書《中國繼承法》，p. 306。
❸ 王光儀主編，《海峽兩岸婚姻家庭繼承制度的法律比較》，鷺江出版社，1993 年 5 月第一版，pp. 125–126。

二、特留分的算定

我國《民法》第一千二百二十四條規定：「特留分，由依第一千一百七十三條算定之應繼財產中，除去債務額，算定之」。即是繼承開始時被繼承人所有的財產加上繼承人所受被繼承人生前的特別贈與價額作為應繼遺產，再從中扣除被繼承人的債務，其剩餘的遺產作為算定特留分的基數❹。

三、遺贈的扣減

我國《民法》第一千二百二十五條規定：「應得特留分之人，如因被繼承人所為之遺贈，致其應得之數不足者，得按其不足之數由遺贈財產扣減之。受遺贈人有數人時，應按其所得遺贈價額比例扣減」。這種情況，稱之為遺贈的扣減。法律賦予特留分權被侵害的法定繼承人以保全自己權益的權利，即稱為扣減權。扣減權的行使必須在繼承開始以後而不是繼承開始之前。因繼承開始之前，特留分權人和特留分數額均無從確定。根據上述的規定，法定繼承人的特留分受到侵害，只能從遺贈財產中請求扣減。如果受遺贈人有數人，則應按比例從各受遺贈人所得遺贈額中扣減❺。

四、判　例

㈠ 25 年上字第 660 號

《民法》第一千二百二十五條，僅規定應得特留分之人，如因被繼承人所為之遺贈，致其應得之數不足者，得按其不足之數由遺贈財產扣減之，並未認特留分權利人，有扣減被繼承人生前所為贈與之權，是被繼承人生前所為之贈與，不受關於特留分規定之限制，毫無疑義。

---

❹　胡大展主編，前揭書《臺灣民法研究》，pp. 539–540。
❺　胡大展主編，前揭書《臺灣民法研究》，pp. 540–541。

㈡ 48 年臺上字第 371 號

　　被繼承人生前所為之贈與行為，為《民法》第一千一百八十七條所定之遺囑處分財產行為有別，即可不受限於特留分規定之規定。

㈢ 58 年臺上字第 1279 號

　　《民法》第一千二百二十五條，僅規定應得特留分之人，如因被繼承人所為之遺贈，致其應得之數不足者，得按其不足之數由遺贈財產扣減之，並未認侵害特留分之遺贈無效。

㈣ 81 年臺上字第 1042 號

　　被繼承人因遺贈或應繼分之指定超過其所得自由處分財產之範圍，而致特留分權人應得之額不足特留分時，特留分扣減權利人得對扣減義務人行使扣減權，是扣減權在性質上屬於物權之形成權，經扣減權利人對扣減義務人行使扣減權者，於侵害特留分部分，即失其效力。故扣減權利人苟對扣減義務人行使扣減權，扣減之效果即已發生。原審謂扣減權為債權之請求權，扣減權利人對扣減義務人就其請求扣減之標的物，固發生效力中斷之效力，就未經扣減之標的物消滅時效仍繼續進行云云，其法律上見解不無可議。

㈤ 91 年臺上字第 556 號

　　被繼承人因遺贈或應繼分之指定超過其所得自由處分財產之範圍，而致特留分權人應得之額不足特留分時，特留分扣減權利人得對扣減義務人行使扣減權，是扣減權在性質上屬於物權之形成權，經扣減權利人對扣減義務人行使扣減權者，於侵害特留分部分，即失其效力。且特留分係概括存在於被繼承人之全部遺產，並非具體存在於各個特定標的物，故扣減權利人苟對扣減義務人行使扣減權，扣減之效果即已發生，其因而回復之特

留分乃概括存在於全部遺產，並非具體存在於各個標的物。

實　例 ▶▶▶

遺囑人甲生前於七十四年六月二十九日偕乙、丙至第一審法院公證處作成遺囑，將其所有屏東縣佳冬鄉佳和段○○○號及同鄉石光見段○○○號土地全部給繼承人之一的丁繼承。甲於七十五年一月二十五日死亡後之同年八月十三日，丁將各該土地登記為其所有完畢。按甲之其他繼承人有戊、己、庚、辛、壬、癸均未獲得遺產。丁則以：庚、壬因分居營業，己受甲生前贈與，且由甲出賣其一分四厘土地供各該繼承人購屋。辛、己出嫁時，已獲得甲贈與之妝奩，戊亦獲補償，其他繼承人對遺囑人遺產不得再有主張。戊於訴訟繫屬中死亡，試問其他繼承人可否主張享有特留分？

解析

查遺產繼承與特留分扣減，二者性質及效力均不相同。前者為繼承人於繼承開始時，原則上承受被繼承人財產上一切權利義務；繼承人有數人時，在分割遺產前，各繼承人對於遺產全部為公同共有。後者則係對遺產有特留分權利之人，因被繼承之遺贈致其應得之數不足，於保全特留分之限度內，對遺贈為扣減。扣減權之行使，須於繼承開始後對受遺贈人為之。且為單方行為，一經表示扣減之意思，即生效力，不發生公同共有問題。丁於被繼承人甲死後，依甲遺囑，將屬於戊、己、庚、辛、壬、癸所有之系爭土地登記為丁一人所有，侵害其他繼承人之特留分，丁將其他繼承人應得之特留分即該土地應有部分移轉登記與其他繼承人，應可主張行使特留分之扣減權。

第二節　世界各國特留分之比較與我國修法之建議

世界上絕大多數國家的《民法》，為了保護被繼承人的較近的血親親屬和配偶的利益，對於被繼承人立遺囑的自由都給予了一定的限制，設立了「特留分」、「保留分」或「必繼分」等制度。西方國家多採用「特留分」。「保留分」之制度雖有相同之處，但差距較大，有著自己的獨特點，而與前蘇聯、東歐等社會主義國家的「必繼分」制度則極為相似❻。

表十三　世界各國特留分之比較

前蘇聯	前蘇聯《民法典》規定，被繼承人的未成年子女或無勞動能力的子女，以及無勞動能力的配偶、父母和依靠死者生活的人，不論遺囑內容如何，都繼承不少於依法繼承時他們每人應得份額（必繼分）的三分之二（前蘇聯《民法典》第五百三十五條）。
捷克斯洛伐克	捷克斯洛伐克《民法典》第四百七十九條規定：「未成年的下輩親屬應當得到的不得少於他們的法定應繼分；成年的下輩親屬不得少於他們的法定應繼分的四分之三。遺囑與這項規定牴觸的時候，此部分遺囑認為無效。」
前東德	前東德《民法典》在其「強制份額的權利」中規定： 「㈠受領強制份額的人士遺囑排除繼承的配偶，有扶養或贍養義務的子女、孫子女和父母。㈡強制份額是一種金錢上的請求權。強制份額為受領人法定繼承份額價值的三分之二。㈢強制份額的請求權是繼承發生時由遺產產生的一種義務。請求權的時效為得知繼承及遺囑內容後的兩年，但不得晚於繼承發生後十年㈣對強制份額的請求權與繼承權無關。」（前東德《民法典》第三百九十六條）。前東德《民法典》明確規定了強制份額的債權性質。
匈牙利	匈牙利《民法典》規定：「後代和配偶的必繼分應當相當於他們作為法定繼承人本應享受的遺產的半數（按必繼分基礎計算）」（匈牙利《民法典》第六百六十五條）。
南斯拉夫	在南斯拉夫享有特留分的人的範圍是具有血親關係或婚姻關係的親屬。第一順序為：子女、配偶、父母（有如共和國波斯尼雅─黑賽哥維那和馬其頓等不包括父母）。第二順序為具有屬於婚姻關係或某一特定親等的血親關係的親屬，如父母、祖父母、兄弟姊妹等，以及與死者長期共同生活或由死者撫養的人。此順序的繼承人要享有特留分，還必須要有附加條件，即是長期不適於勞動並缺乏必要的生活資料的人。一般地說，第一順序的繼承人所享有的特留分為法定應繼分的二分之一，第二順序的繼承人所享有的特留分為法定應繼分的三分之一。而在馬其頓共和國特留分則通常為應繼分的二分之一。

❻　陶希晉總編，前揭書《中國民法學‧財產繼承》，pp. 402–408。

韓　國	韓國《民法典》規定，被繼承人的直系卑親屬、配偶的特留分，各為其法定繼承份額的二分之一；被繼承人的直系尊親屬、兄弟姊妹的特留分，各為其法定繼承份額的三分之一。（韓國《民法典》第一千一百十二條）
日　本	日本《民法典》規定，直系尊親屬為繼承人時，特留分為被繼承人財產的三分之一；直系卑親屬或配偶為繼承人時，特留分為被繼承人財產的二分之一（日本《民法典》第一千零二十八條）。
法　國	法國《民法典》規定，「不問生前贈與或遺贈，如處分人死亡時僅遺有一個子女時，其贈與或遺贈不得超過其所有財產的半數；如遺有兩個子女時，其贈與或遺贈不得超過三分之一；如遺有子女三人以上時，不得超過四分之一；非婚生子女的應繼分，比均為婚生子女情況下每人應得的遺產份額減半。如處分人並無子女，而在父系和母系各遺有直系尊血親一人或數人時，其贈與或遺贈不得超過其所有財產的半數；如僅一系遺有直系尊血親時，不得超過四分之三。被繼承人不得用遺囑處分的部分，就是特留分。法國《民法典》對於應繼分所規定的作法與日本相似均把特留分作為遺產人不得處分的一定數額的遺產，而不是按每個繼承人的法定應繼分來確定其各自的應繼分比例。」法國《民法典》還進一步規定，遺囑人生前贈與也不得處分繼承人的應繼分。在應繼分的確定上，非婚生子女的應繼分僅等於其婚生子女的情況下應得的一半，也是法國《民法典》至今還保留著歧視非婚生子女的作法，這是當今世界上少有的。（法國《民法典》第九百十三條至第九百十五條）。
德　國	德國《民法典》規定，被繼承人的直系血親卑親屬、父母和配偶，在其由於死因處分被排除繼承時，得向繼承人請求特留分；特留分為法定應繼分價額的一半（德國《民法典》第二千三百零三條）。該法典還規定，特留分請求權在繼承開始時成立，而且該項權利可繼承並可轉讓。這條規定明確表示了特留分為債權性質（德國《民法典》第二千三百十七條）。
保加利亞	保加利亞《繼承法》規定是「特留分」制度，與法、日、瑞士等國的「特留分」基本相同。享有「特留分」的權利人有：「配偶、直系卑親屬、父母。在無配偶時，其卑親屬的特留分為：有子女一人或子女的卑親屬時，特留分為遺產的二分之一；在有子女兩人以上或子女的卑親屬時，特留分為遺產的三分之二。父母的特留分為遺產的三分之一。僅有配偶時，其特留分為遺產的二分之一；有父母時，配偶特留分為遺產的三分之一；如有卑親屬，配偶特留分與子女相等」（保加利亞《繼承法》第二十九條）。
美　國	在美國採用《美國統一繼承法》的州，都賦予被繼承人的配偶、未成年子女和未獨立生活的子女享有宅園特留分、豁免財產、家庭特留分的權利。《美國統一繼承法》第2-401條「宅園特留分」規定：「居住在本州的繼承人的生存配偶有權取得價值 5,000 美元的宅園特留分。如果沒有生存配偶，則被繼承人未成年子女的每一個未獨立生活的子女可一起取得價值 5,000 美元的特留分，並依他們的人數確定各自應得份額……」。該法第 2-402 條「豁免財產權」還規定：「除宅園特留分外，生存配偶還可以從家具、汽車、服飾品、家用器械和個人財產的擔保利益的餘額中取得不超出 3,500 美元的財產。如果沒有生存配偶，則被繼承人的子女可以取得同等價值的財產

	……」。該法第 2-403 條「家庭特留分」還規定:「除宅園特留分和豁免財產權之外,如被繼承人居住在本州,則被繼承人供養的配偶或生存配偶或子女或被繼承人實際上在死亡前一直供養的子女有權從遺產外的現款中取得合理的特留分以保證在遺產管理期間維持他們的生活。如遺產不足負擔一切已准許的權利要求,則此種特留分的存在以一年為限。此種特留分可以以現款一次付清,也可以在一定期間內分期付清……,家庭特留分是豁免財產,並優先於宅園特留分之外的其他債權受償。」從上述規定中可以看出,美國《繼承法》中所規定的特留分是債權性質的。《美國統一繼承法》所規定的特留分制度還具有下列特點:㈠在特留分份額和順序上,配偶優先於子女;㈡根據財產的種類,特留分分為三種:宅園特留分、豁免財產、家庭特留分。
瑞　　士	瑞士《民法典》關於特留分規定:直系卑血親各為其法定繼承權的四分之三;父母中任何一方,為其法定繼承權的二分之一;兄弟姊妹各為其法定繼承權的四分之一;生存的配偶,如與他人共同繼承時,為其法定繼承權的全部,如僅其一人為法定繼承人時,為其法定繼承權的二分之一。(瑞士《民法典》第四百七十一條)。該法典第四百七十二條還規定,各州有權不承認兄弟姊妹的特留分請求權,或允許其請求權延伸至兄弟姊妹的直系卑血親。
英　　國	英國《繼承法》賦予被繼承人的配偶、未成年及不能自立生活的子女請求「財政津貼」的權利,含有特留分制度的意義。對於「財政津貼」,英國《繼承法》沒有規定具體的遺產數額,只規定了一個不確定的所謂「適當」的標準,具體數額由法院因人、因時、因地而定。英國《繼承法》要求被繼承人將其一定數額的財產遺留給配偶和子女,如被繼承人將遺產全部遺贈給他人,則被繼承人的合法配偶、無效婚姻中的配偶、離婚後尚未再婚的配偶、婚生和非婚生子女,可以排除被繼承人的遺囑而繼承部分遺產。

資料來源: 參考陶希晉總編,《中國民法學‧財產繼承》,中國人民公安大學出版社,1990 年6 月第一版, pp. 402-408。

　　臺灣、香港、澳門與大陸地區特留分之比較:

一、兩岸四地對於特留分問題的法律規定有相似之處

　　對特留分問題,海峽兩岸法律規定有相似之處,而在形式上又有所不同。但作為一種法律制度,大陸《繼承法》規定較為原則、概括,而臺灣《民法》和某些國家對特留分的規定,則較為具體、明確,便於實施和運用❼。香港地區依據《財產繼承(供養遺囑及受養人)條例》,符合法定條件就可以向法院申請從死者遺產中提供經濟給養,從側面而且間接的保護

❼　王光儀主編,前揭書《海峽兩岸婚姻家庭繼承制度的法律比較》, pp. 127–129。

特留分的規定。澳門地區將特留分規定為法定繼承的一種，有詳細而且具體的保護規定。

二、兩岸四地對於遺贈的扣減有無規定不同

我國《民法》繼承編第一千一百八十七條及第一千二百二十五條有關特留分規定，乃限制被繼承人為遺贈時，不得違反關於特留分規定之範圍，否則應得特留分的人（居於繼承順序之法定繼承人）如因被繼承人所為之遺贈，致其應得之數不足者，得按其不足之數，由遺贈財產扣減之。受遺贈人有數人時，應按所得遺贈價額比例扣減（《民法》繼承編第一千二百二十五條）。大陸《繼承法》對於遺贈則無特留分之規定，僅於第十九條規定：「遺囑應當對缺乏勞動能力又沒有生活來源的繼承人保留必要的遺產份額」。在實務上的運用，應有類似特留分規定之性質，惟其並非對任何法定繼承人予以保留必要遺產份額，僅限於保障缺乏勞動能力又沒有生活來源的繼承人❽。香港有關繼承的法律沒有直接規定立遺囑人可以設立遺囑將其財產死後贈與他人。香港法律始終是承認並保護遺贈行為的，但《財產繼承（供養遺屬及受養人）條例》有關限制性內容對遺贈行為同樣適用，如果遺囑人利用遺囑將其財產贈與其親屬以外的任何人，而使其親屬的生活未得到適當的安排，有關的親屬向法院提出申請，由法院頒發扶養令，從死者已通過遺囑處理的財產中撥出適當的數額，供上述有關人員生活之用。香港從法院以頒發扶養令行遺贈扣減之方法。澳門地區依據澳門《民法典》第二千零九條規定扣減遺囑處分，則不論對其中以遺產名義或以遺贈名義作出之死因處分，均應按比例扣減。

現代社會父母與子女之親情逐漸淡薄，養兒防老的觀念逐漸退去，多元競爭的社會讓適婚男女晚婚或不生小孩的觀念慢慢形成，少子化的時代已經來臨，不少子女在父母生前就溺愛成性，物質生活的富裕造就出揮霍無度的個性，許多子女離家出走，不顧父母死活，也未盡扶養父母責任，等到父母過世後，發現留有鉅額遺產，突然冒出來要求繼承財產，實乃有

---

❽　行政院大陸委員會編著，前揭書《中共婚姻法與繼承法之研究》，pp. 311–312。

違倫常。雖然我國《民法》規定父母可以在生前預立遺囑，重新分配或減少不孝子女應得繼承之財產，但是法律仍有最低限度的特留分之保障。一般人民對於如何訂立有效遺囑之法律程序繁複而感到卻步，有的父母是猝逝而來不及立下遺囑，導致縱使子女不孝，也不符合喪失繼承權之五項要件，仍然可以繼承父母財產。我國《民法》第一千一百四十五條第一項規定喪失繼承權之情形包括：故意致被繼承人或應繼承人於死或雖未致死因而受刑之宣告者；以詐欺或脅迫使被繼承人為關於繼承之遺囑，或使其撤回或變更之者；以詐欺或脅迫妨害被繼承人為關於繼承之遺囑，或妨害其撤回或變更之者；偽造、變造、隱匿或湮滅被繼承人關於繼承之遺囑者；對於被繼承人有重大之虐待或侮辱情事，經被繼承人表示其不得繼承者。此條文卻未將不扶養父母的情形明文列入，僅能透過法院判決，使不孝子女喪失繼承權，因此我國法務部將明訂「掃地出門」條款，明定負有扶養義務而惡意不扶養父母者，父母得預立「書面表示」，經過法院認證後就可以剝奪不孝子女的財產繼承權，兼顧倫常與社會公義。

　　建議我國《民法》第一千一百四十五條增訂第一項第六款：「負有扶養義務而惡意不扶養父母者，父母得預立書面表示喪失繼承權，並經法院認證者。」如此對於不孝子女就沒有特留分最低限度的保障，也才能有警世的效用。

結　語

　　本書首先介紹西方與中國遺囑之歷史背景與變遷過程，再從我國遺囑之相關法律、司法實務與案例解析帶領讀者瞭解遺囑之理論與實務，進一步比較世界各國、香港、澳門與大陸地區的遺囑內容，最後綜合歸納出我國遺囑法律缺漏之處，提供將來修法之建議，實乃筆者研究之最終目的。

　　由於歐美國家人民屬於高所得與高稅賦的社會，生前對財產權的管理與支配的思維已經延伸至死後遺願的實現與財產的分配，所以死亡權意願的表達與實現之生死管理學已經是世界趨勢與潮流，因此以預立遺囑方式積極管理身後事，是現代人不可或缺的法律常識。

　　我國因貧富差距逐年擴大，已經邁向「三高與三低」的時代，即高所得、高稅賦、高齡化與低報酬、低利率、低生育，如何有效管理財產已經是老生常談的管理學，但是人的生命是無常的，往往是無法事先管理或預知的，如果沒有經歷過親人的遠離或在生死關頭走一回的人們，是無法真正瞭解生命是無常的，所謂「人人都有苦，苦苦皆不同」，人的苦是來自「忙」、「盲」、「茫」。由於人們無法把握「人忙心不忙」的折衷空間，所以人一忙起來，心也隨著忙了，煩惱壓力一累積，內心淨化不了這些外力、外緣，退後一步的空間被堵斷，「忙碌」的心便成了「盲目」的心，使自我更無法省察自己、約束自己。尤其在五欲六塵中，是一個處處埋藏陷阱的花花世界，人們一味盲目追求後，隨即便是一片「茫然」。「不怕念起，只怕覺遲」，覺悟當下，道理懂了，要改善就有方法❶。

　　所以「預立遺囑」就是一種改善生命走到終點的遺憾，轉悲為喜，化苦為樂，才能夠圓滿地為「人性尊嚴」畫下一個完美的休止符──「知生又知死，達觀過一生」，共創一個歡喜的人生。

---

❶　地藏悲願基金會編著，《生死關頭走一回》，財團法人地藏悲願基金會，1999 年 10 月初版，pp. 13–14。

附　錄　參考文獻

壹、中文部分

一、書　籍

1. 王光儀主編，《海峽兩岸婚姻家庭繼承制度的法律比較》，鷺江出版社，1993年5月第一版。

2. 王甲乙，楊建華，鄭建才著，《民事訴訟法新論》，三民書局，1991年10月出版。

3. 王春旭，羅斌主編，《港澳台民商法》，人民法院出版社，1997年6月第一版。

4. 王澤鑑著，《民法實例研習叢書(二)民法總則》，三民書局，1983年11月初版。

5. 由嶸主編，《外國法制史》，五南圖書出版公司，1993年10月初版。

6. 司法院第一廳主編，《民法親屬繼承編及其施行法修正條文暨說明》，司法院祕書處，1985年6月出版。

7. 史尚寬著，《債法各論》，自刊本，1960年11月台初版。

8. 行政院大陸委員會編著，《中共婚姻法與繼承法之研究》，行政院大陸委員會，1993年9月出版。

9. 李志敏著，《比較家庭法》，北京大學出版社，1988年11月第一版。

10. 李宜琛著，《現代繼承法論》，商務印書館，1964年台一版。

11. 李景禧主編，《台灣親屬法和繼承法》，廈門大學初版社，1991年7月第一版。

12. 地藏悲願基金會編著，《生死關頭走一回》，財團法人地藏悲願基金會，1999年10月初版。

13. 邱聰智著，《債法各論》，上冊，三民書局，1994 年 9 月初版。

14. 沈宗靈著，《比較法總論》，北京大學出版社，1987 年出版。

15. 林榕年主編，《外國法制史新編》，群眾出版社，1994 年出版。

16. 范揚著，《繼承法要義》，商務印書館，1935 年 7 月出版。

17. 周金芳著，《兩岸繼承法之比較研究》，文笙書局，1993 年 4 月出版。

18. 俞建平，王保涵編著，《遺產繼承和分家析產》，法律出版社，1987 年 10 月第一版。

19. 胡大展主編，《台灣民法研究》，廈門大學出版社，1993 年 7 月第一版。

20. 胡長青著，《中國繼承法論》，商務印書館，1970 年 9 月第三版。

21. 侯放著，《繼承法比較研究》，澳門基金會，1997 年 6 月第一版。

22. 梅因著，《古代法》，商務印書館，1984 年出版。

23. 陳棋炎，黃宗樂，郭振恭合著，《民法繼承新論》，三民書局，1990 年 3 月第三版。

24. 陳棋炎著，《民法繼承》，三民書局，1957 年 2 月初版。

25. 許高山著，《遺囑訂立 DIY》，永然文化出版股份有限公司，1999 年 11 月初版。

26. 費安玲著，《羅馬繼承法研究》，中國政法大學出版社，2000 年 4 月第一版。

27. 費安玲譯，《民法大全選擇‧遺產繼承》，中國政法大學出版社，1995 年出版。

28. 彭梵得著，黃風譯，《羅馬法教科書》，中國政法大學出版社，1996 年出版。

29. 陶希晉總編，《中國民法學‧財產繼承》，中國人民公安大學出版社，1990 年 6 月第一版。

30. 張晉藩主編，《中國法制史》，五南圖書出版公司，1992 年 9 月第一版。

31. 彭誠信主編，《繼承法》，吉林大學出版社，2000 年 9 月第一版。

32. 黃瀠竹編著，《教您如何寫遺愛手書》，宇河文化出版有限公司，2003 年 1 月第一版。

33. 董茂雲著，《比較法律文化：法典法與判例法》，中國人民公安大學出版社，2000 年 1 月第一版。

34.董安生，田士誠合著，《大陸六法精要①民法》，月旦出版社，1994 年 12 月初版。

35.蔡仟松編著，《遺囑寫作 DIY》，書泉出版社，2002 年 2 月初版。

36.劉素萍主編，《繼承法》，中國人民大學初版社，1983 年 4 月第一版。

37.劉含章著，《繼承法》，商務印書館，1946 年 4 月初版。

38.優士丁尼著，張企泰譯，《法學階梯》，商務印書館，1989 年出版。

39.戴東雄，劉得寬編著，《民法親屬與繼承》，五南圖書公司，1993 年 5 月第二版。

40.戴炎輝，戴東雄合著，《中國繼承法》，三民書局，1987 年 8 月修訂版第二版。

41.羅鼎著，《民法繼承》，會文堂新記書局，1949 年 1 月第一版。

二、期刊

1.田園，〈海峽兩岸遺囑繼承法律制度比較〉，法學雜誌，1992 年第 3 期（總第 72 期）。

2.余鑫如，〈關於海峽兩岸繼承法的比較研究〉，法學研究，1990 年第 2 期（總第 67 期）。

3.林秀雄，〈口授遺囑之認定〉，《台灣本土法學》，第 58 期，2004 年 5 月。

4.林秀雄，〈死因贈與之撤回〉，月旦法學雜誌，1996 年 9 月第十六期。

5.林秀雄，〈民法繼承編：第十講遺囑之方式〉，《月旦法學教室》，第 24 期，2004 年 10 月。

6.林秀雄，〈民法繼承編：第九講遺囑總論〉，《月旦法學教室》，第 22 期，2004 年 8 月。

7.周信宏，〈生死學第一章－預立遺囑〉，《消費者報導》，第 246 期，2001 年 10 月。

8.周家寅，〈密封遺囑公證之實務問題探討〉，《公證法學》，第 1 期，2004 年 5 月。

9.馬有敏，〈求心安? 自書遺囑認證〉，《公證法學》，第 1 期，2004 年 5 月。

10. 陳雅莉，〈不帶走一些遺憾！如何預立遺囑〉，《消費者報導》，186 期，1996 年 10 月。

11. 張馳，〈遺囑執行人制度初探〉，法學雜誌，1990 年第 10 期。

12. 黃振國，〈認識遺產規畫、遺囑撰寫及相關稅賦〉，《法律與你雜誌系列》，總號 116，1997 年 6 月。

13. 劉焜輝，〈世紀的遺囑〉，《諮商與輔導》，第 137 期，1997 年 5 月 15 日。

14. 戴行妍，〈生前預囑〉，《校園》，2001 年 3、4 月號。

15. 戴天岳，〈從生死管理的觀點探討警察人員預立遺囑的必要性〉，《警光》，1551 期，2002 年 6 月。

16. 羅曉瑩，〈不知道什麼時候恐怖份子會到你家，美國人搶著上網預立遺囑〉，《數為周刊》，第 60 期，2001 年 10 月。

17. 譚淑珍，〈想換風水爭奪遺骨徵家產冒出真假遺囑〉，《新新聞周刊》，450 期，1995 年 10 月 22~28 日。

18. 釋慧開，〈從生死課題看精神健康在宗教層面探索生命的意義〉，李宇宙主編，《財團法人精神健康基金會》，2002 年 12 月初版。

三、報紙

1. 〈安博思：教宗要大家快樂〉，中國時報，2005 年 4 月 4 日，第四版。

2. 〈教宗公布教宗遺稿，病入膏肓時不望警惕世人天災人禍〉，中國時報，2005 年 4 月 17 日，第十一版。

四、網路

1. http://www.edu.cn/20031010/3092482.shtml

2. http://hk.news.yahoo.cnm/050407/10/1b9qy.html

3. http://www.chumistsui.co.jp/

4. http://www.doh.gov.tw/statistic/data/ 死亡摘要 /93 年 / 表 1.xls

5. http:www.kmuh.org.tw/www/kmcj/data/9401/4.htm

6. http://tpd.judicial.gov.tw/tpd−op12.htm

貳、外文部分

一、書籍

1.中川善之助著,《註釋相續法》上冊,有斐閣,昭和 31 年 2 月初版。

2.中川善之助監修,《註解相續法》,法文社,昭和 27 年 10 月 30 日第四版。

民法系列——繼承　戴東雄／著

　　本書主要內容在說明民法繼承編重要制度之基本概念，並檢討學說與實務對法條解釋之爭議。本書共分四編：緒論、遺產繼承人、遺產繼承與遺產繼承之方法。在本書各編之重要章次之後，附以實例題，期能讓讀者瞭解如何適用法條及解釋之方法，解決法律問題，並在附錄上，提出綜合性之實例題，如何以邏輯之推演方法，解決實際之法律問題。

商事法概要　張國鑑／著　梁宇賢／修訂

　　本書以淺顯扼要的方式，介紹與日常商業行為相關之商事法規。全書共分六篇，舉凡商事法的意義、沿革、立法制度、特性，商業的概念、登記、帳簿、名稱，及重要法規如公司法、票據法、海商法、保險法之規定，均有說明，是坊間同類書籍中最佳選擇。

少年事件處理法　劉作揖／著

　　少年事件處理法是刑法及刑事訴訟法的特別法，也是實體法和程序法熔於一爐的特別法典。目前國內有關少年事件處理法的專門著作甚少，本書可說是最具代表性及權威性的一本學術論著。全書體系完整、架構嚴謹，可供大學院校作為法律課程之教材，更是有志從事司法公職人員應考必備的第一手資料。

保險法論　鄭玉波／著　劉宗榮／修訂

　　本書以最新公布之保險法為論述對象，對本次增修重點——以保險法業為主做深入剖析。實者保險契約法之有待修正，並不亞於保險業法。保險契約法與保險業法之粲然大備，仍有待於來日。本書對於保險法詳加概述、反覆說明，以期讀者能於短期了解其梗概。本書可作為大專院校保險課程之良好教材及保險從業人員之重要讀物。

案例憲法 (III)（上）——人權保障的內容

李念祖／編著

　　與其他法律學門相比，憲法學更殷切地需要尋找落實人權保障抽象規範的有效方法，憲法解釋則是驗證憲法實用價值的最佳紀錄與佐證。本書透過憲法案例，拼集出司法殿堂中由真人真事交織而成的憲法圖像，對於憲法的生命力從事有系統的巡禮，也檢驗出「人」對憲法的需要，以及憲法對「人」的價值。

公司法實例研習　曾淑瑜／著

　　本書不採傳統教科書模式，而以實例導引出各章、節重點，除可增加讀者思考，亦可作為國家考試準備之重要參考用書。在書籍編排上亦將題目列舉於目錄上，讓實務從業者在遇到相關問題時，亦可迅速從目錄中找到爭議問題之所在，翻閱解答。再版內容收錄了九十四年六月及九十五年二月公司法修正後的條文，資料最新。配合例題演練，更收綜效之功。

公司法論　梁宇賢／著

　　本書除對公司法之理論與內容加以闡述外，並多方援引司法院大法官會議之解釋、最高法院與行政法院之裁判、法院座談會之決議及法務部與經濟部之命令等。作者除介紹各家學者之見解、外國法例，並針對我國現行公司法條文之規定評其得失，提供興革意見，俾供公司法修止時之參考。

大法官會議解釋彙編　三民書局／印行

　　近年來，聲請釋憲案件與日俱增，其中大部份均與人民之基本權利息息相關，影響人民生活至為深遠。有鑑於此，本書完整彙編大法官會議第一號至第六一○號解釋，逐條臚列解釋文及理由書，對解釋內容所涉之法規條號亦作整理，除可讓一般社會大眾查閱及學生學習外，更可供實務界人士研究參考。

遠離暴力侵害──婦女人身安全「法」寶　柯伊伶／著

從鬧得沸沸揚揚的女主播與女藝人家暴事件，到女性在職場慘遭性騷擾與性侵害的新聞可知，婦女的人身安全與權益受到侵害此問題，實在值得社會大眾省思。本書分為五大篇，共以 60 個法律問題，詳述婦女面臨家庭暴力、性騷擾、以及性侵害時的因應之道，並介紹與婦女健康及工作權相關的法律，讓讀者對法律具備初步的認識，勇敢地捍衛自身的權利。

網路生活與法律　吳尚昆／著

在漫遊網路時，您是不是常對法律問題感到困惑？例如網路上隱私、散播網路病毒、網路援交的刑事規範等等諸多可能的問題，本書以案例故事引導出各個爭點，並用淺顯易懂的文字作解析，破解這些法律難題。更一再強調法律不應成為科技進步與維護公共利益的阻礙，希望能進一步啟發讀者對於網路生活與法律的相關思考。

生活法律 Q&A　劉昌崙／著

本書針對日常生活中常發生的法律問題加以整理並說明解決之道，譬如身分證遺失時該怎麼辦？拿到偽鈔時該怎麼辦？如何防範詐騙？「人無事一身輕，有事千斤重」，當碰到事情的時候，躲避不是辦法，面對它必須要有法律常識，本書將是您面臨生活中的法律問題時最好的朋友。

和國家打官司──教戰手冊　王泓鑫／著

如果國家的作為侵害了人民，該怎麼辦？當代的憲政國家於是設有法院，讓人民的權利在受到國家侵害時，也可以和「國家」打官司，以便獲得補償、救濟、平反的機會。但您知道怎麼和國家打官司嗎？本書作者以深入淺出的方式，教您如何保障自己的權益，打一場漂亮的官司。